Ingrid Metz-Neun

# Alleine ist man nicht so einsam

Ingrid Metz-Neun

# Alleine ist man nicht so einsam

Roman

Mit diesem Roman möchte ich allen Frauen Mut machen, nicht in einer unbefriedigenden Lebenssituation zu verharren, sondern sich daraus zu befreien. Dazu ist nur ein großes Wollen nötig und eine gehörige Portion Energie. Aber wenn man ein Ziel vor Augen hat, verleiht das ungeahnte Kräfte.

Ingrid Metz-Neun, Jahrgang 1950, Schauspielerin, Sprecherin, Regisseurin, Autorin. Lebt nacht vielen Großstadtjahren in einem kleinen Ort an der Nordsee. Sie schreibt Geschichten, Gedichte und kleine Romane über das Leben.


www.ingrid-metz-neun.de

ISBN: 978-3-753458-06-9

Coverfoto: Ingrid Metz-Neun
Cover, Layout und Satz: Joachim Schüler, Fulda
Herstellung und Verlag: BoD - Books on Demand, Norderstedt,
www.bod.de

Für Jessi,

mit der

einfühlsamsten

Regie.

Die Sprecherinnen

lieben Dich.

Viel Spaß mit

diesem 6. Buch

Ingrid

April 2021

# PROLOG

*Irgendwann ändern sich nicht die Dinge,*
*sondern die Bedeutung, die wir ihnen geben.*

(Unbekannt)

Der Tag war wolkenverhangen und nebelschwer. Das Haus gegenüber war kaum auszumachen. Nur schemenhaft konnte man seine Umrisse erkennen. Die wenigen Menschen davor auf der Dorfstraße gingen leicht gebückt und dick vermummt, als wollten sie dem Wetter trotzen. Keiner sprach mit dem anderen. Jede/r war mit sich selbst beschäftigt.

Mia umfasste ihre Teetasse mit dem filigranen Blumenmuster und wärmte ihre Hände daran, während sie zu dem kleinen Küchenfenster hinaus schaute. Sie war zufrieden mit sich und der Welt.

Gerade hatte sie Melanie verabschiedet, die Tochter ihrer besten Freundin. Diese war Journalistin und Frauenrechtlerin und schrieb gerade an einer Serie: „Frauen aus unserer Nachbarschaft". Darin stellte sie Persönlichkeiten vor, von denen sie meinte, dass sie Vorbilder für die junge Generation sein könnten, denn sie war überzeugt, dass noch immer der Fokus zu sehr auf den Männern, die etwas geleistet hätten, liegen würde.

Lange hatten sie sich unterhalten. Melanie hatte kluge Fragen gestellt und während Mia diese wohl überlegt und ehrlich beantwortet hatte, wurden ihr selbst manche Abläufe noch klarer.
Nach einer kleinen Pause sagte sie:
„Weißt du, was das Schöne am Altsein ist, Melanie?

Jetzt erst sieht man das Leben in seinem Ablauf und begreift, wie alles letztlich miteinander verwoben ist und Sinn macht. Als junger Mensch kann man viele Situationen gar nicht richtig einordnen."

Melanie hatte gelacht und gesagt: „Ich glaube, ich verstehe, was du meinst, liebe Mia, aber bezeichne dich bitte nicht als alt. So wie du lebst, bist du das beste Beispiel für eine Frau, die nie ganz erwachsen wird, weil sie sich die kindliche Neugier erhalten hat. Ich danke dir, für dieses sehr, sehr schöne Gespräch. Wenn ich den Artikel fertig habe, schicke ich ihn dir, damit du noch mal drüber schauen kannst."

Dann hatte sie Mia herzhaft umarmt und auf beide Wangen geküsst. „Ich muss jetzt leider los. Bis bald, Mia."
„Pass auf dich auf und mach was Schönes", hatte Mia geantwortet.

Dieser Spruch stammte ursprünglich von Britta, Melanies Mutter und begleitete Mia jetzt schon seit Jahrzehnten.

Sie löste sich vom Blick aus dem Fenster. Melanie war schon lange nicht mehr zu sehen. Sie hatte ihr noch nachgewinkt. Jetzt setzte sie sich wieder in ihren Sessel und war tief in Gedanken versunken.

Sie musste unweigerlich noch einmal zurück denken an die Zeit, als sie mit Britta bei Feinkost Walter arbeitete. Da hatte alles angefangen. Es war schon sooo lange her, aber Mia erinnerte sich, als sei es gestern gewesen …

Es war an einem Freitag, kurz vor Ladenschluss.
Die kleine Fleischereifachverkäuferin und der Kunde, der nach einem Rinderfilet fragte. Mia glaubte, nie zuvor eine solche Stimme gehört zu haben, warm, sonor, verbindlich, beschützend, bestimmend, wohltuend.
Bis zu diesem Moment hatte sie überhaupt nicht besonders auf Stimmen geachtet. Aber diese Stimme zwang sie dazu, danach auch alle anderen Stimmen auf ihren Klang hin zu überprüfen. Viele fielen schnell durchs Raster, einige blieben hängen, aber keine war wie seine.

Er war nicht mal besonders attraktiv, eher in jeder Hinsicht Durchschnitt. Aber wenn er den Mund aufmachte, war es um sie geschehen.

Er kam danach fast täglich. Ihr fiel auf, dass er ausschließlich hochwertige Produkte kaufte. Irgendwann fragte er nach ihrem Namen.
„Können Sie nicht lesen, junger Mann. Er steht doch hier in roten Buchstaben“, hatte sie frech geantwortet und dabei auf ihr Namensschildchen am Busen gedeutet.
Sie lächelten sich an.
Es blieb nicht beim Lächeln.

Sie gingen zusammen aus und gemeinsam ins Bett. Und da geschah dieses Besondere, Einmalige, das sie zuvor so noch nie erlebt hatte. Sie wurde von einer warmen Welle des gleichzeitigen Höhepunktes davon getragen.

Mia war im siebten Himmel – oder was sie dafür hielt. Plötzlich fühlte sich jeder Tag so leicht, so beschwingt an. Aus dieser Glückseligkeit heraus, in der ihr jede Frechheit wie ein kindisches, tollpatschiges Vergnügen erschien, erlaubte sie sich Dinge, die sie nie für möglich gehalten hätte. Gut gemeinte Warnungen von Britta, die das ein oder andere mitbekam, schlug sie in den Wind.

Fast täglich überraschte sie ihn mit irgendeiner mitgebrachten Leckerei, und es machte ihnen Spaß, diese mit Wein oder Champagner zu verzehren.
Niemals fragte er, ob sie sich denn so einen Lebensstil leisten könne. Er genoss einfach nur, was ihm bereitwillig kulinarisch und körperlich dargeboten wurde.

Dabei wuchs sie mit ihren Kochkünsten regelrecht über sich hinaus. Nie zuvor wäre sie auf den Gedanken gekommen für sich alleine so einen Aufwand zu betreiben. Aber sie merkte schnell, wie man mit den besten Zutaten fast gar nichts falsch machen konnte. Und so experimentierte sie und garnierte sie und freute sich, wenn sie selbst der krönende Abschluss des Menüs wurde.

„Du bist mein herrlichstes Dessert“, sagte er dann immer lachend und sie ließ es nur zu gerne geschehen.

Das ging eine ganze Weile gut, bis sie aufflog. Ihr Chef stellte sie zur Rede. Sie hatte keine Ausrede, sie musste alles zugeben, denn die ausgewiesenen Inventarlisten stimmten schon lange nicht mehr mit den getätigten Verkäufen überein. Sie akzeptierte, dass er sie des Hauses verwies.

Das Zeugnis, das er ihr ausstellte, war kein gutes.
Sie bewarb sich überall, aber keiner wollte sie haben.
Von der Stütze konnte sie ihre Wohnung nicht bezahlen. Sie musste raus, zog in eine abgelegene Gegend, in ein herunter gekommenes Haus und ging putzen.

Ihrer „Stimme“ erzählte sie nichts. Sie schämte sich zu sehr, dabei war doch alles nur wegen ihm passiert.
Aber nein, sie suchte den Fehler bei sich. Sie begriff dunkel, dass sie süchtig nach diesen Abenden war, süchtig nach seinem Lob für ihre Kochkunst, aber in erster Linie süchtig nach seinem Mund, seinen Händen, und wie er sie nahm. Erst langsam und sacht, später immer stärker und tiefer und genüsslicher.

Sie hatte ihm nichts von ihrem Rauswurf erzählt. Sie hatten sich nicht mehr gesehen. Er hatte aber auch nichts gefragt, geschweige denn um sie „gekämpft“.

Langsam dämmerte ihr: Sie war für ihn nur bequem gewesen. DAS war ihre Schuld.

„Versuchs doch mal mit einem Resilienzkurs. Den gibt es kostenlos im Ärztezentrum. Du musst was für dich tun, Mia." Britta war die einzige, die noch zu ihr hielt.

Sie musste erst mal im Internet nachsehen, was das Wort Resilienz überhaupt bedeutete. „Psychische Widerstandskraft; Fähigkeit, schwierige Lebenssituationen ohne anhaltende Beeinträchtigung zu überstehen", las sie leise vor sich hin. „Ja, das würde ja passen." Und weiter stand dort: „Führen Sie ein 'Glückstagebuch' und trainieren Sie Ihr positives Denken. Dazu notieren Sie jeden Tag drei positive Ereignisse, die Sie erlebt haben."

Sie lachte schallend. „Drei positive Ereignisse??? Ich wünschte, ich hätte EIN positives Ereignis täglich." Ohne weiter zu lesen, stand sie auf und wurde maßlos traurig und wütend. Am liebsten hätte sie irgendwas zerschlagen. Aber sie konnte sich gerade noch beherrschen. Sie weinte stattdessen laut los, bis sie von Weinkrämpfen geschüttelt wurde.

Von da an liefen ihre Gedanken nur noch im Kreis. Sie sah keinen Ausweg mehr. Sie kannte das schon. Es geschah jetzt immer öfter und dann wollte sie nur noch tot sein. Sie glaubte, keine Kraft mehr zu haben. Zu Nichts. Tot zu sein wäre jetzt der bequemste Weg.

Aber irgendwann rappelte sie sich auf, ging in die Küche und trank ein großes Glas Leitungswasser. Sie setzte sich und versuchte tief ein- und gaaanz langsam auszuatmen. Britta hatte ihr das immer und immer wieder vorgesagt, wie ein Mantra. Und tatsächlich – es funktionierte. Langsam beruhigte sie sich.

Sie erinnerte sich plötzlich an einen Bildband über Paula Modersohn-Becker, eine Malerin, die sie sehr mochte und die leider so früh verstorben war, nach der Geburt ihrer Tochter. Sie sollte einmal gesagt haben: „Traurig sein ist wohl etwas Nützliches. Ein Atemholen zur Freude, ein Vorbereiten der Seele dazu."
„Nein, liebe Paula, es ist ein großer Unterschied, ob das MAL so ist oder meistens, um nicht zu sagen: immer!" Mia schrie diesen Satz fast heraus.

Nach einer halben Ewigkeit stand sie auf und sagte laut: „Nie mehr lasse ich mich von einem Mann ausnutzen. Nie mehr!" Danach stampfte sie mit dem Fuß auf. Das tat richtig weh.

Aber es war der Wendepunkt. Sie schmierte sich ein Butterbrot und las am Computer alles was sie über Resilienz fand und auch noch alles über Selbstwertge-

fühl und verwandte Begriffe. Ein Zitat lernte sie gleich einmal auswendig.
„Irgendwann ändern sich nicht die Dinge, sondern die Bedeutung, die wir ihnen geben."

Irgendetwas in ihr sagte: „Du kannst es schaffen. Du musst es nur wirklich wollen und an dich glauben. Und vor allem kannst du es nur allein schaffen."

Sie besuchte nicht den Resilienzkurs. Sie wollte nicht mit anderen „Gebeutelten" in einer Reihe sitzen. Sie wollte es allein schaffen. Sie bat Britta, ihr alles, was sie zum Thema gefunden hatte auszudrucken.

Britta kam mit vielen Seiten unter dem Arm zu ihr. Am liebsten hätte Mia sie gleich wieder fort geschickt um ungestört lesen zu können. Aber das wäre zu unhöflich gewesen.

„Was gibt's Neues, Britta?"
„Ach, weißt du, unser Chef wird immer missmutiger. Er will partout keine Veggie-Würste in sein Sortiment aufnehmen. Dabei fragen immer mehr Kunden danach. Auf der einen Seite ärgert er sich, dass er immer weniger umsetzt, auf der anderen Seite sperrt er sich komplett gegen neue Trends."

„Ich hab einiges dazu gelesen, Britta. Also, wenn man erst mal weiß, was alles in diesen vegetarischen Sachen drin ist, nämlich mehr tote Hühner als in normaler Wurst, dann wird einem ganz anders.

„Und wie sieht es bei vegan aus?" warf Britta ein.

„Da wird ähnlich wie in der Kosmetik ganz viel mit Palmöl getrickst. Und für das billige Palmöl werden Unmengen an Urwald gerodet. Ist das nicht scheußlich?"

„Klar, Mia, ich gebe dir Recht. Aber wenn du dir vorstellst, wie sehr so ein armes Schwein drangsaliert wird, bevor es bei dir auf dem Teller landet, da kann man auch nicht ruhig zugucken."

„Das stimmt." Mia schaute Britta traurig an.
Neben ihrem eigenen Unglück gab es noch sooo viel Elend auf der Welt. Wo sollte man anfangen?
Britta merkte, dass ihre Freundin jetzt lieber alleine sein wollte, deshalb verabschiedete sie sich.

Mia machte sich sofort über die ausgedruckten Seiten her, aber irgendwie war sie heute nicht mehr richtig aufnahmefähig.

Es war Sonntag und so gönnte sie sich einen „Wellnesstag". Der bestand darin, dass sie ganz lange in der Badewanne lag. Das war das Beste an der jetzigen Wohnung. Statt moderner Dusche hatte die eine alte, an vielen Stellen schon abgeschabte Badewanne. Sie ließ immer wieder etwas heißes Wasser nachlaufen. Irgendwann waren ihre Hände und Füße ganz schrumpelig.

In der Badewanne kamen ihr die besten Ideen und Gedanken. Sie war inzwischen soweit, dass sie über ihr „freiwillig aus der Welt scheiden" lachen konnte.
„Wie konnte ich es soweit kommen lassen?" Diese

Frage ploppte bei jedem Eintauchen in das warme Wasser in ihrem Kopf auf.
„Es lag alles nur daran, dass ich nicht auf die höhere Schule durfte und ich diese blöde Lehre bei Feinkost Walter annahm", sagte sie laut gegen die alten braunen Kacheln.
„Wie konnte man nur jemals auf die Idee kommen, braune Kacheln für ein Badezimmer zu verwenden? Das sieht doch kacke aus", musste sie in diesem Moment denken.

„Ich werde wieder die Schulbank drücken und Journalistin werden. Das wollte ich schon als kleines Mädchen." Diesen Satz sagte sie jetzt wie ein Mantra vor sich hin.

Sie schaffte es tatsächlich auf dem zweiten Bildungsweg einen Realschulabschluss zu erwerben. Dieser Weg war steinig gewesen, denn sie ging tagsüber putzen und abends zur Schule. Danach waren noch bis spät in die Nacht Hausaufgaben zu erledigen. Aber sie war unendlich stolz auf sich.

Jetzt wollte sie die nächsten Hürden im Laufschritt nehmen, aber je mehr sie recherchierte, desto mehr sah sie ihre Felle davonschwimmen.

Inzwischen brauchte sie Britta nicht mehr zum Ausdrucken wichtiger interessanter Sachen. Sie hatte einen eigenen Drucker. Das war unter anderem möglich, weil sich eine ihrer Putzstellen als äußerst liebenswürdig heraus gestellt hatte.

Frau Meier-Petersen lebte mit ihrem Sohn in einer herrlichen Villa. Sie litt an Parkinson und saß meist im Rollstuhl. Je nach Verfassung konnte sie nur noch wenige Dinge selbständig im Haushalt verrichten. Ihr Sohn war leider geizig und gewährte ihr keine Rund-um-Betreuung.

Mia ging der alten Dame inzwischen zweimal die Woche zur Hand, putzte und kaufte auch für sie ein. Ab und zu gönnten sich die beiden Frauen, die unterschiedlicher nicht sein konnten, eine Teepause.

Frau Meier-Petersen schien nach anfänglicher Distanz die junge Frau in ihr Herz geschlossen zu haben, denn immer öfter steckte sie ihr etwas Geld zu, zusätzlich zu der Pauschale, die ihr Sohn Mia überwies.

Mia liebte die Stunden im Haus von Frau Meier-Petersen. Fast zärtlich entstaubte sie die langen Bücherreihen in dem herrlichen Mahagonischrank. Wenn sie mit ihrer Arbeit fertig war, las sie jetzt immer öfter beim Tee der alten Dame aus einem der Bücher vor, denn auch das Sehen fiel dieser immer schwerer. Anschließend hatten sie dann sofort wieder neuen Gesprächsstoff.

Frau Meier-Petersen war es auch, die Mia auf die Idee brachte, bei ihrer kleinen Landeszeitung ein Volontariat zu machen. Das war bestimmt auch mit weniger als 40 Stunden die Woche möglich, so dass sie ihren Putzjobs weiter nachgehen konnte.
Ein echtes Studium war mit ihrem Abschluss nämlich nicht möglich. Es wurde ein Hochschulabschluss verlangt und den traute sich Mia nicht zu. Sie wusste aber, dass sie spannend und informativ berichten konnte. Das hatte sie in der Grundschule schon mehrfach bewiesen, für die Schülerzeitung.

„Meinen Sie wirklich, ich kann da einfach mal nachfragen? Ich habe doch keinerlei Referenzen“, fragte sie selbstkritisch die alte Dame.

„Wer nicht wagt, der nicht gewinnt. Was hast Du zu verlieren? Mehr als eine Absage riskierst du nicht", sagte Frau Meier-Petersen aufmunternd.
„Ach, beinahe hätte ich es vergessen. Ich habe ein kleines Geschenk für Dich. Das ist ein immerwährender Kalender mit täglichen Kalendersprüchen. Meine Oma hatte schon so einen. Du wirst überrascht sein, wie fröhlich so ein kleiner Spruch einen stimmen kann."

Mia hing ihn zu Hause ins Bad und schaute als erstes am Morgen darauf. Es stimmte! Der Tag begann damit fröhlicher und zauberte ihr ein Lächeln ins Gesicht. Und wie gesund das grundsätzlich ist, davon konnte sie ein Lied singen.

ALLES IST NUR

– jede Stimmung,
Situation,
Lebensphase

TRÄGT UNS
**NEUEM**
ENTGEGEN

(Lore Lillian Boden)

Der Chefredakteur der kleinen Zeitung war zunächst etwas skeptisch, aber im Grunde war er auf willige preiswerte freie Mitarbeiter angewiesen. Die Werbeeinnahmen waren rückläufig und so gab er Mia eine Chance.

Die hatte inzwischen eine neue Freundin, Gabi, von der Gärtnerei Kämpfer. Gabi hatte jeden Samstag einen Stand auf dem Wochenmarkt. Mia kam immer kurz vor Schluss, half Gabi beim Einladen der restlichen Ware und durfte sich von dem Übriggebliebenen so viel mitnehmen wie sie wollte, für kleines Geld.

Die beiden waren sich auf Anhieb sympathisch und erzählten sich schon bald so gut wie alles voneinander. Gabi fand es toll, wie Mia versuchte aus ihrem selbst eingebrockten Schlamassel heraus zu kommen und wie zielstrebig sie den Realschulabschluss in Angriff genommen hatte.
Mia bewunderte Gabi, dass diese ohne jemals zu klagen, den Betrieb ihres Vaters übernommen hatte, obwohl sie beruflich gerne etwas anderes gemacht hätte.

Außerdem war Gabi für Mia jetzt von unschätzbarem Wert, denn diese erfuhr auf dem Markt viele Neuigkeiten aus der Stadt, die Mia sonst verborgen geblieben wären.
So konnte Mia fast jeden Montag bei der Redaktions-

konferenz mit einem Thema glänzen, über das sich zu berichten lohnte.
Wenn man so nah an den Menschen ihrer kleinen Stadt war wie Gabi, eröffnete sich plötzlich eine ganz andere Welt. Man nahm seine Umgebung anders/besser wahr. Immer mehr bröckelte die Fassade der langweiligen, nach außen hin spießigen Mitmenschen. Überall wurde getuschelt und getratscht. Die Leute liebten es einfach, kleine Schweinereien aufzubauschen und zu verbreiten.
Am Ende wusste keiner mehr, was jetzt genau stimmte und was nicht.

Das erinnerte Mia an eine Zeichnung von A. Paul Weber. „Das Gerücht“ oder so ähnlich hieß es. Sie hatte es in einem der vielen Bücher über Künstler im Mahagonischrank der Villa entdeckt. Weber karikierte darin die Manipulierbarkeit der Massen.
„So geschah das in der Zeit vor dem 2. Weltkrieg, Mia. Und Du weißt ja, was danach passierte. Jeder von uns muss aufpassen, dass so etwas nie wieder geschieht“, sagte Frau Meier-Petersen ernst und traurig zugleich.

Mehrere Mitglieder ihrer Familie waren erschossen worden, weil sie im Untergrund gegen Hitler gekämpft hatten. Der alten Frau ging es immer wieder zu Herzen, wenn die Sprache auf diese schreckliche Zeit kam.

Mia wusste jetzt, dass ihre Abende mit „ihrer Stimme“ nicht umsonst gewesen waren. Immer hatte er erzählt, was er tagsüber im Studio für Radio oder Fernsehen eingesprochen hatte, und das waren meist Themen, mit denen sie sich bis dahin absolut nicht beschäftigt hatte. Doch vieles blieb hängen und insofern war die Beziehung keineswegs nutzlos gewesen.
Die Bücher von Frau Meier-Petersen ergänzten jetzt die damaligen Berichte.

*„Es gibt Momente,*
*die tragen die Weisheit eines*
*ganzen Lebens in sich“*

(Kirsten Schwert)

„Schau mal", Gabi kam ganz aufgeregt Mia entgegen. „Nächsten Samstag kommt Ingo Sommer zur Lesung in unsere Bücherstube. Ist das nicht „der" Ingo, von dem du mir erzählt hast? Er hat ein Buch geschrieben und liest daraus."
Mia wurde ein bisschen schwindelig.
„Ingo, hier?" dachte sie.

„Du musst den unbedingt für die Landeszeitung interviewen, Mia." Gabi war von ihrer Idee total begeistert.

Nach einer gefühlten Ewigkeit, meinte Mia kleinlaut: „Ich werde es vorschlagen."
„Du MUSST es vorschlagen, Mia. Keiner könnte das besser als du."

Ihr Chef sah das genauso. „Ja, machen Sie das, Mia. Und fühlen Sie dem Macho ordentlich auf den Zahn. Der ist gerade mal Mitte 40 und hat bereits eine Autobiografie veröffentlicht. Ganz schön mutig."

„Wie meinen Sie das, Chef?" Mia wurde es zunehmend mulmig.
„Na, der soll doch ein schlimmer Weiberheld sein. Passen Sie auf sich auf, Mia", rief er ihr noch im Hinausgehen hinterher.

Mia hatte sich extra in die hinterste Reihe gesetzt, hörte aufmerksam zu und machte sich Notizen. Nachdem Ingo Sommer geendet hatte, reihte sie sich in die wartenden Journalisten ein. Irgendwann hatte er sie dann entdeckt, wimmelte seinen Gesprächspartner ab und kam auf sie zu.

„Mia, du hier? Was für eine Überraschung. Was machst du hier?"
„Ich habe dir aufmerksam zugehört und hätte jetzt ein paar Fragen an dich. Ich soll dich im Auftrag der Landeszeitung interviewen."

Mia sah, wie Ingo unsicher einen Moment überlegte, um dann mit seiner Wahnsinnsstimme zu sagen: „Das ist ja toll. Komm, wir gehen gegenüber in das kleine Restaurant. Ich habe einen Mordshunger."

Sie hatte es befürchtet. Er konnte seine Wahnsinnsstimme an- und ausknipsen, und sie hatte nichts von ihrer Wirkung auf Mia verloren.
So, wie er die Trüffelpasta verschlungen hatte, musste er tatsächlich kurz vor dem Verhungern gewesen sein. Aber nebenbei hatte er die letzte halbe Stunde nur von seinen Erfolgen, seinen tollen Auftritten und den bevorstehenden Sendungen gesprochen.

Jetzt schaute er sie breit grinsend an. „Jetzt schreibst

du also für die Landeszeitung. Das ist ja toll. Was willst du wissen?"

Mia hatte einen ganzen Fragenkatalog vorbereitet, musste sich jetzt aber enorm konzentrieren, um sich nicht aus dem Konzept bringen zu lassen.

„Wie kamst du auf die Idee eine Autobiografie zu schreiben. Das macht man doch in der Regel erst im Alter."
„Ich finde, ich habe bis heute bereits ein so reiches Leben gehabt, das möchte ich unbedingt mit meinen Lesern teilen."
„Leserinnen, genauer gesagt?", fragte sie leicht süffisant.
„Ja, sicher. Ich glaube nicht, dass Leser so unbedingt an meinen erotischen Erlebnissen interessiert sind. Oder was denkst du?"
„Ich denke, dass dir Radio und Fernsehen als Plattform nicht mehr ausgereicht haben, dass du neben dem Sprechen noch ein weiteres Standbein haben möchtest."

„Da könntest du Recht haben. Bekomme ich dich zum Dessert?"

Die Frage kam so unverhofft und frech, dass Mia merkte, wie ihr die Röte ins Gesicht schoss. Sie antwortete aber schlagfertig:

„Das ist leider nicht möglich. Erstens muss ich dieses Interview heute Abend noch meinem Chef übermitteln und zweitens wartet mein Freund auf mich.“ Ingo stutzte einen Moment, dann sagte er kleinlaut: „Aber natürlich, wie konnte ich nur auf so eine Idee kommen.“

Als sie Stunden später alleine in ihrem Bett lag, war sie einerseits traurig, dass er nicht bei ihr lag. Auf der anderen Seite war sie aber enorm stolz auf sich, dass sie nicht auf seinen Vorschlag eingegangen war.
Er hatte ihr noch bereitwillig Auskunft auf all ihre Fragen gegeben, die Rechnung im Restaurant bezahlt und ihr dann ein Taxi gerufen, mit der Bitte, sie möge ihn doch die nächsten Tage einmal anrufen, wenn sie Zeit hätte.

Sie konnte nicht einschlafen. Sie ließ den Abend Revue passieren und musste lachen. Er hatte sie nichts weiter gefragt, weder was sie privat noch beruflich tat. Er hatte – wie immer – nur von sich und seinen Erfolgen gesprochen. Er wollte als „Held“ angehimmelt werden. Das war ganz eindeutig. Und viele Frauen vor und nach ihr hatten das sicher auch immer wieder getan. Aber das hieß doch nichts anderes, als dass er sich im Grunde nur für sich selbst interessierte und nie für die jeweilige Gespielin an seiner Seite. Wie vielen Frauen er wohl schon das Herz gebrochen hatte, ohne das überhaupt zu merken?

und gib deiner Seele

(Viktor Levin)

Ihr Chef lobte ihren Bericht. Er sei so „intensiv". Vor allem der weiblichen Leserschaft würde er bestimmt gefallen. Mia erzählte ihm natürlich nicht, dass sie Ingo Sommer so gut beschreiben konnte, weil sie ihn ja kannte. Bei einer fremden Person würde ihr das bestimmt nicht so gut gelingen.

Trotzdem tat es immer noch weh. Sie spürte es ganz deutlich. Sie hatte die letzten Jahre versucht, diese Gefühle zu verdrängen, aber es gelang ihr nicht wirklich. Immer wieder schoben sich die Bilder ihrer gemeinsamen Zeit in ihre Gedanken.
Diese Glückseligkeit ihres ersten Orgasmus, den er ihr beschert hatte. Die Wärme und der herb-süße Duft seines Körpers, seine Hände, die genüssliche Schauer erzeugen konnten und der Gleichklang ihrer Bewegungen, wenn er tief in ihr verankert war, als sei es das Normalste auf der Welt.

Ihr war inzwischen klar, dass sie sexuell abhängig gewesen war. Abhängig, wie der Suchtkranke vor der nächsten Dosis Rauschgift oder Tabak oder Alkohol. Aber sie hatte sich da herausgezogen. Sie hatte das ganz allein geschafft. Sie durfte sich auf die Schultern klopfen. Sie hatte gelernt und verstanden. Aber so wie es dem ehemaligen Trinker schwer fällt das dargebotene Glas Wein zurück zu weisen, so fiel es ihr schwer, nicht sofort wieder die Vereinigung mit dem Ex-Lover herbei zu sehnen.

Aber sie blieb stark. Sie rief nicht an und seine Versuche drückte sie weg. Doch da hatte sie unterschätzt wie stur Ingo sein konnte. Eines Tages stand er nach Dienstschluss vor der Redaktion.

„Hallo, Ingo, wie schön, dich zu sehen. Aber sei mir bitte nicht böse. Ich bin spät dran und muss dringend nach Hause."
„Darf ich dich fahren?"
„Aber gerne doch." Elegant ließ sie sich in den Sportwagen gleiten und nannte ihm die Adresse von Frau Meier-Petersen. Sie freute sich auf sein verdutztes Gesicht, wenn er die Villa sehen würde.

Lässig winkte sie ihm noch kurz von den Stufen vor dem Eingang zu, bevor sie aufschloss. Sie hatte ja Schlüssel von der Villa. Fröhlich ging sie hinein und auf die alte Dame zu, die sich sichtlich freute, dass Mia endlich da war.
„Ich hatte schon befürchtet, du hättest mich heute vergessen", sagte sie leicht vorwurfsvoll.
„Aber Sie doch niemals, liebe Frau Meier-Petersen."

Ingo hatte natürlich sofort nachgeforscht, wer in dieser Villa wohnte. Da das Alter des Sohnes von Frau Meier-Petersen zu Mia passte, vermutete er jetzt, dass dieser etwas mit ihr hätte. Sein „Raubtierinstinkt" war geweckt.

Lebensfreude
ist eine Frage

*der* *Fantasie.*

Es liegt an
dir selbst,
dem Leben
Farbe zu geben.

(Bernd Winkel)

Am nächsten Tag fand Mia im Büro einen Strauß Mimosen vor, ihre absoluten Lieblingsblumen und eine Einladung ins Kino. Natürlich von Ingo. Sie freute sich diebisch, dass ihr Spielchen geklappt hatte.

Sie richtete es jetzt immer so ein, dass sie mal kurz mit Ingo mittags zum Essen ging, aber nie abends. Sie wollte ihn so lange wie möglich im Glauben lassen, sie würde in der Villa wohnen.
Als sein Drängen nach Beischlaf immer drängender wurde, fuhren sie ein paarmal in ein kleines Hotel in der Nachbarstadt.

Irgendwann fand sie die Lügerei albern. Nach einer längeren Pause, in der sie ihre Treffen immer wieder abgesagt hatte, lud sie ihn in ihre armselige Wohnung unter der Begründung ein: „Sorry, aber ich konnte nichts Anderes auf die Schnelle finden. Ich bin jetzt wieder frei." Ganz wie sie es vermutet hatte, wollte Ingo auch nicht mehr wissen.

Mia war klar, er würde sich nicht ändern, aber sie schwor sich, sich nicht mehr verletzen zu lassen. Blöd war natürlich, dass sie ihre gut bezahlte Stelle bei Frau Meier-Petersen hatte aufgeben müssen. Die gute Frau hatte beim Abschied so geweint. Es brach Mia fast das Herz. Jetzt hoffte sie nur, dass sie einen Festanstellungsvertrag von der Landeszeitung bekam.

Auf vielen Wegen kannst du dich verlieren. Finden nur auf deinem.

(Else Pannek)

Es klappte. Ihr Chef hatte sich mächtig für sie ins Zeug gelegt. Mia war glücklich. Sie liebte ihre Arbeit, und sie liebte Ingo. Aber es dauerte nicht lange und sie merkte, dass sie schwanger war. Natürlich freute sie sich zunächst riesig, fürchtete sich aber vor Ingos Reaktion.

„Ich bin noch nicht bereit für Kinder!“ war dann auch seine harsche Antwort auf ihre Mitteilung. Mia hatte es geahnt. Was sollte sie jetzt tun? Sie besprach sich mit Gabi.

„Wenn du meine ehrliche Antwort hören willst“, sagte Gabi nach einer Weile, „ich würde es wegmachen lassen. Ingo wird nie ein guter Vater werden, und für dich wird ein Kind ewig ein Klotz am Bein sein. Stell dir das nur nicht so einfach vor.“
„Aber dann hätte ich doch wenigstens eine ewige Erinnerung an Ingo“, entgegnete Mia weinerlich. „Wann begreifst du endlich, dass ihr nur Sex zusammen habt aber keine Liebe.“

Gabi war jetzt energisch geworden. Sie hatte sowieso nicht begriffen, warum Mia wieder mit Ingo zusammen war. Aber spielte da nicht auch eine gewisse Eifersucht eine Rolle? Gabi hatte mal mit Ingo vor vielen Jahren auf einer Party heftig geknutscht, aber mehr war nicht daraus geworden. Seitdem sie Mia kannte, fragte sie sich, was diese hatte und sie nicht?? Aber das behielt sie natürlich für sich. Ihre Sorge, dass Mia mit dem Kind alleine da stehen würde, war ehrlich.

Man muss sein

GLÜCK

TEI ☘ LEN,

um es zu
multiplizieren.

(Marie von Ebner Eschenbach)

Mia war auf dem Weg zu einem Interviewpartner, als ihr ein LKW an einer Ampel mit voller Fahrt in ihr haltendes Auto krachte. Sie merkte, wie sie mit dem Kopf hin und her geschleudert wurde und verlor kurz das Bewusstsein.

„Hallo, hören Sie mich?“ Der Sanitäter klopfte ihr zart auf die Wange. „Haben Sie Schmerzen?“
Mia schaute ihn ungläubig an. „Mein Baby?“ fragte sie leise. „Wir sind gleich im Krankenhaus. Alles wird gut.“ Der Sanitäter hatte eine angenehme Stimme, registrierte Mia.

Als Ingo sie ein paar Tage später abholte, schien er erleichtert, dass sich das Thema Baby auf diese Weise zunächst einmal erledigt hatte.

Mia steckte es nicht so leicht weg. Immer wieder stellte sie sich vor, wie schön es gewesen wäre, ein Kind von Ingo zu haben. Sie hätte es ganz alleine groß gezogen, aber es hätte sie jeden Tag an ihre große Liebe erinnert.
Dieser Schicksalsschlag hinterließ eine tiefe Wunde in ihr.

Sie war böse, dass Gabi so hart geurteilt hatte. Für sie war es nicht nur Sex, für sie war es Liebe, die sie für Ingo empfand.

Das Hübsche
am Frühling ist,
dass er kommt,
wenn er am dringendsten
gebraucht wird.

(Unbekannt)

Zunächst war Ingo wie ausgewechselt. Plötzlich konnte er zartfühlend und umsichtig sein. Er verwöhnte Mia. Aber leider hielt das nicht ewig an.
Mit der Zeit merkte sie, dass er immer öfter spät oder gar nicht nach Hause kam. Sie lebte jetzt bei ihm in seiner Wohnung, in die sie nichts eingebracht hatte. Ihre Wohnungseinrichtung hätte so gar nicht zu seinem Geschmack gepasst, deshalb überließ sie fast alles ihrer Nachmieterin.

Was sie bei ihrem überhasteten Auszug vergaß mitzunehmen, war der Kalender im Bad. Lange überlegte sie, ob sie ihn zurück fordern sollte, aber das war ihr dann doch zu peinlich. Sie hoffte nur, dass die neue Bewohnerin sich genauso an ihm erfreuen würde wie sie.

Wieder hatte sie viel lernen müssen, denn Ingo besaß eine toll ausgestattete Küche mit vielen Geräten, die sie noch nie gesehen, geschweige denn benutzt hatte. Sie arbeitete sich rasch durch die unzähligen Kochbücher mit Gerichten aus aller Welt, und was sie nicht verstand, googelte sie sofort.

„Was haben die Menschen nur vor dem Internet gemacht", sagte sie laut vor sich hin, als sie mal wieder mit dem Laptop auf dem Küchentisch nachforschte, was man mit dem Pulver des Moringabaumes machen könnte. Ingo war ganz stolz damit angekommen und wollte unbedingt zum Frühstück einen Smoothie damit haben.

Das waren zwar leider immer nur Monologe, die Ingo mit nach Hause brachte, aber Mia beneidete ihn sehr um seinen tollen Job. Als Dokumentarsprecher erfuhr er von so vielen interessanten Dingen auf der Welt, die ihr verschlossen blieben. Ihre Arbeit bei der Landeszeitung konnte da bei weitem nicht mithalten. Deshalb himmelte sie ihn auch jetzt wieder an, als er von seiner neuesten „Entdeckung“ angeregt erzählte.

„Stell dir vor, das ist der reinste Wunderbaum. Er soll gegen 300 Leiden helfen. Ich verstehe nicht, dass ich nicht früher darauf gestoßen bin. Er kann mir bestimmt bei meinem Problem mit dem Tennisarm helfen und meinen zu hohen Blutdruck senken. Der Baum ist anspruchslos, leicht zu kultivieren, braucht wenig Wasser und wächst extrem schnell. Ich verstehe nicht, dass er nicht schon lange im großen Stil angepflanzt wird. Also, ich habe jetzt erst mal das Pulver mitgebracht, aber der Mann im Bioladen besorgt mir auch das Öl. Das soll sehr lecker in Salatdressings schmecken.“

Wie immer hatte er ohne Punkt und Komma auf sie eingeredet, bis spät in die Nacht. Jetzt stand sie mit dem Pulver in der Küche und überlegte, welches Obst

oder Gemüse sie dazu verwenden könnte.
Sie entschied sich für Äpfel und ein Stück Lauch, das unterstrich die Meerrettich-Note gut, war aber zu dickflüssig. Vom gestrigen Abend hatte sie noch einen Rest Aprikosen aus der Dose. Kurzerhand mixte sie den Saft dazu und wurde belohnt. „Ein toller Geschmack“, entfuhr es ihr.

Ingo lobte sie, welch tolle Köchin sie doch sei. Aber das hätte er ja auch schon vor Jahren an ihr so geliebt. In gleichem Maße wie sein Lob größer wurde, schwand sein sexuelles Interesse an ihr.

Es tat weh, aber es warf sie nicht mehr um. Sie lebten wie ein altes Ehepaar zusammen, dem der Sex im Laufe der vielen Jahre abhanden gekommen war. Aber er lobte weiter ihre Kochkunst, und sie nutzte das Zusammenleben aus, um aus seinen täglichen Erzählungen und den vielen Büchern, die seine Wandregale füllten, sich ständig weiter zu bilden. Sie hatte begriffen, das Wissen, die einzige Sache ist, die letztlich zählt, und sie schwor sich: „Sollte ich jemals Kinder haben, werde ich ihnen DAS immer wieder predigen.“

DENN

**WISSEN**

selbst ist

(Francis Bacon)

An einem regnerischen Tag im September – Mia wollte gerade aus dem Haus – klingelte der Postbote und bat sie um eine Unterschrift. Es war ein grauer offizieller Umschlag, für den der persönliche Empfang des Empfängers quittiert werden musste. Mia befürchtete das Schlimmste. Was konnte es sein?
Sie riss den Umschlag auf und las die knappen Zeilen wieder und wieder. „Zur Eröffnung des Testaments … am 20.09. um 9 Uhr … bei Notar Schöler zu erscheinen."
Mias Herz schlug bis zum Hals. Einige Passagen überlas sie immer wieder. Sie konnte sich keinen Reim darauf machen.

Am 20.09. klingelte sie bereits um 8:30 Uhr bei Notar Schöler. Eine etwas hochnäsige Büroangestellte bat sie im Wartezimmer Platz zu nehmen. Den angebotenen Kaffee lehnte Mia dankend ab. Ingo hatte sie nichts erzählt und auch Gabi und Britta nicht, obwohl denen ihre Nervosität in den letzten Tagen aufgefallen war.

Endlich bat sie der Notar in sein Büro. Er erklärte ihr, dass er schon lange der Berater von Frau Meier-Petersen sei. Diese sei nun verstorben und sie habe verfügt, dass ihr Sohn die Villa und noch eine Liegenschaft erben solle und dass sie, „Mia Wiskowski, geboren am …"
Mia hörte die Worte wie durch eine Nebelwand …

„ausgewiesen durch Personalausweis Nr … die Summe von 152.000 € als Dank für geleistete persönliche Fürsorge erbe."

Der Notar erklärte Mia dann noch ausführlich, dass sie dafür Erbschaftssteuer zahlen müsse, aber trotzdem blieb ihr eine Summe, mit der sie nie im Leben gerechnet hatte.

Nachdem alle Formalitäten erledigt waren, beglückwünschte Notar Schöler Mia und erzählte ihr, wie oft die alte Dame in warmen Worten von Mia gesprochen hätte, und dass es ihr innigster Wunsch gewesen wäre, Mia diese Ersparnisse zu vererben. Ihr Sohn würde mehr als genug erhalten.

Mia rief in der Redaktion an und bat um einen freien Tag. Sie hätte fürchterliche Migräne.
In der Tat fühlte sie sich ganz wackelig auf den Beinen. Sie ging ins nächstgelegene Restaurant und bestellte sich einen doppelten Cognac, was sonst nie ihre Art war.

Ganz langsam trank sie und ließ das Gespräch noch einmal Revue passieren. Nein, sie träumte nicht. Die Überweisung fürs Finanzamt war auch schon unterschrieben. Ihr blieben runde 100.000 € zur freien Verfügung. Was sollte sie mit dem Geld machen?

Sie schwor sich, zunächst niemandem etwas davon zu erzählen.

Der nette Bankangestellte wollte sie überreden, doch in Aktien oder Fonds zu investieren, da das Sparbuch ja kaum Zinsen bringe. „Nein, danke“, sagte Mia fest und klar, „ich melde mich, wenn ich weiß, was ich damit machen werde.“

Beschwingt fuhr sie am nächsten Tag in die Redaktion. „Geld macht nicht glücklich, aber man fühlt sich einfach gut damit“, sagte sie leise vor sich hin.

Wann immer sie Zeit hatte, googelte sie jetzt, was man alles mit 100.000 € anfangen könnte. Sie merkte rasch, dass das gar nicht soooo viel ist und die Anlage gut überlegt sein wollte.

Nach reiflicher Überlegung kaufte sie eine kleine 1-Zimmer-Wohnung in sehr guter Lage. Für die Restsumme von 90.000 € wurde ihr ein Kredit von der Bank gewährt. Dieser war durch die Vermietung mehr als erschwinglich. Im Gegenteil. Die Wohnung warf jährlich Gewinn ab, den sie versteuern musste.

Mia lebte immer noch mit Ingo zusammen und hatte einen festen Platz in der Redaktion der Zeitung. Sie hatte immer noch niemand etwas von der Erbschaft erzählt. Aber immer häufiger beklagte sie sich jetzt bei ihren Freundinnen, wie einsam sie an der Seite von Ingo sei. Er merke einfach nicht, dass sich sein Leben nur um ihn drehe.

Noch immer hatte er mit seiner Wahnsinnsstimme gut zu tun als Werbesprecher oder für Dokumentationen oder als Moderator von Veranstaltungen. Er prahlte damit, dass ihn gewisse Modehäuser immer wieder für ihre Schauen engagierten.

Eines Tages bat Mia, er möge sie zur nächsten Modeschau einmal mitnehmen. Da sie so selten um etwas bat und er nur zu gerne den „Helden" spielte, willigte er gerne ein.
Sie hatte sich schick gemacht und saß mit einem Glas Sekt in der Hand in der ersten Reihe.

In der Pause kam Ingo auf sie zu. „Na, wie war ich?" fragte er machomäßig. „Ganz fabelhaft", sagte Mia lächelnd.

In der Nacht konnte sie nicht schlafen. Die Modenschau ging ihr nicht aus dem Kopf. Schon lange merkte sie, dass die Themen bei der Landeszeitung doch

sehr überschaubar waren und sie mit der Zeit langweilten.
Sie war jetzt Ende Dreißig und sehnte sich nach etwas neuem. Außerdem musste sie die Beziehung zu Ingo endlich kappen. Sie liebte ihn zwar immer noch, aber sie kannte ihn inzwischen zu genau und wusste, dass weder sie noch eine andere Frau ihn jemals ändern könnte. Er war einfach so: charmant, liebenswürdig, oberflächlich, egoistisch.

Mia hatte das Gefühl an seiner Seite zu verdorren. Deshalb war sie jetzt absolut davon überzeugt, dass man zu zweit wesentlich einsamer sein kann als alleine. „Die Kälte steigt in einem hoch und wird zur undurchdringlichen Wand. Und diese Wand verhindert dann, dass man auch alles Neue oder jeden neuen Menschen nicht hindurch lassen kann. Das muss ich ändern“, sagte sie laut vor sich hin, und sie wusste jetzt auch wie.

Sie nutzte all ihre Kontakte, die sie durch das Schreiben für die Zeitung in den letzten Jahren gesammelt hatte und bat alle mitzuhelfen, eine interessante Immobilie zu finden, in der sie ein kleines Ladengeschäft betreiben könnte. Gerne würde sie auch privat dort wohnen.

Nach gar nicht so langer Suche hatte sie etwas Geeignetes gefunden. Vor den Toren der Stadt, relativ günstig in der Miete und gut per Bahn und Auto zu erreichen.

Mit Hilfe von Britta und Gabi und deren Freunde hatten sie in kürzester Zeit das Haus aufgehübscht. Erst jetzt schenkte Mia Ingo reinen Wein ein und sagte ihm, dass sie ausziehen werde.
Er glaubte zunächst an einen Scherz. Erst als Mia seelenruhig anfing, ihre Sachen in Umzugskartons zu packen, wurde ihm klar, dass sie es ernst meinte.

Hätte er jetzt angefangen, um Mia zu kämpfen, wäre noch eine gute Freundschaft möglich gewesen. So aber machte er nur verhaltene Anstalten:
„Mia, ich mag dich doch wirklich. Das weißt du doch. Bleib bei mir, es ist doch alles gut wie es ist."
Das war ihr absolut zu wenig.

Britta, die inzwischen auch Feinkost Walter an den Nagel gehängt hatte, glücklich mit Jens, einem Grundschullehrer, verheiratet war und eine kleine Tochter, namens Melanie hatte, arbeitete mit Mia wie besessen an ihrer Idee.

Brittas Mutter war Schneiderin gewesen, leider viel zu früh gestorben, aber von ihr hatte sie den Spaß am Nähen und am Handarbeiten allgemein geerbt.
Aus den erlesensten Stoffen, das war ihre oberste Prämisse, kreierte sie jetzt nach Mias Ideen die schönsten Oberteile, als Bluse oder lässige Jacke über Top oder T-Shirt zu tragen.

Einige Basics, wie Leggings und Hosen hatten sie fertig gekauft. Der Clou ihrer Modelle lag darin, dass es sich immer um Einzelteile handelte. Mal würde eine Kundin etwas Passendes Fertiges wählen können, oder sie suchte sich Stoffe und ein Modell heraus, das dann für sie angefertigt wurde. Es war der besondere Stil, weich fließend, mal kurz, mal lang, mal rund, mal zipfelig und der Muster- und/oder Materialmix, der die Kreationen einzigartig machten.

Eine Freundin von Britta wurde noch freiberuflich mit ins Boot genommen. Sie war IT-Spezialistin, gestaltete eine tolle Website und baute gleichzeitig den Internet-Versand auf.

Aufgrund ihrer Eigentumswohnung hatte Mia von der Bank Kredit bekommen, um all das umzusetzen. Am ersten Juni eröffnete Mia ihre Modeboutique mit einem großen Fest. Ihr Ex-Chef von der Zeitung schrieb höchstpersönlich einen Artikel darüber. Er war traurig, dass Mia ihren Job gekündigt hatte. Er versprach ihr, dass, sollte ihr Plan nicht aufgehen, sie jederzeit in die Redaktion zurückkehren könnte.

Nach der Eröffnungsfeier, auf der Mia natürlich ihr Konzept und die bereits fertigen Modelle vorgestellt hatte, lief der Verkauf trotz der hohen Preise gut an. Die „besseren" Damen der Stadt wollten unbedingt so ein Unikat besitzen, denn das absolut Neue daran war:

„Wenn Sie Ihr Teil nicht mehr tragen möchten, es aber noch keine Risse oder sonstigen Verschleiß aufweist, können Sie es uns zurück bringen. Sie erhalten dafür einen Teil Ihres Geldes zurück, meine Damen. So etwas hat es noch nie gegeben. Wir kreieren für Sie individuell, und wir arbeiten nachhaltig. Wie finden Sie das?"
Frenetischer Beifall ertönte, als Mia das auf der Feier verkündet hatte.

„Mias Moden and more" wurde zum Stadtgespräch. Die Frauen wollten es nicht glauben.

„Stimmt es wirklich, dass Sie auch gebrauchte Teile wieder zurück nehmen?"
„Ja, wir machen daraus Neue."
„Aber dann kauf ich ja praktisch second-hand-Ware bei Ihnen."
„So können Sie das nicht sagen. Sehen Sie, fast alle Bekleidungsartikel die Sie kaufen sind vorgewaschen. Bei vielen Modeartikeln möchte man ja sogar Verschleiß sehen. Bei unseren Modellen sehen Sie es nicht. Aber alle Stoffe werden von uns vorgewaschen, damit man prüfen kann, wie sie sich verhalten. Ob sie zum Beispiel vom Waschen eingehen oder Farbe verlieren usw. Erst dann sind wir auf der sicheren Seite und können die Stoffe verarbeiten. Die getragenen Teile werden auseinander getrennt und gewaschen. Dann können wir sie neu vernähen."
„Das ist wirklich nachhaltig. Tolle Idee."

Und in der Tat, bereits im zweiten Jahr brachten einige Kundinnen ihre Bluse oder Jacke zurück, erhielten einen Teil ihres Geldes zurück und kauften dann häufig gleich mehrere neue Teile.

Mia hatte inzwischen ihr Sortiment auf Schals, Tücher, Krawatten, Kappen, Handtaschen und Gürtel erweitert, die allerdings nicht zurück genommen wurden. Das war nur mit den Oberteilen möglich, die auseinander getrennt zu neuen Teilen verarbeitet wurden.

Ihre Schonung von Ressourcen brachte ihnen sogar einen ersten Platz bei der Vergabe eines Innovationspreises ein.

Mia war glücklich. Sie sprühte vor Ideen. Der tägliche Austausch mit den Kundinnen beflügelte sie.
Bald gesellte sich noch eine Frau, die zauberhafte Pullover, Schals und Ponchos strickte, zu ihnen.

Eine weitere fertigte wunderschönen Modeschmuck aus vielen unterschiedlichen Materialien an und veranstaltete auch kleine Workshops, bei denen sie zum Beispiel im Hinterzimmer des Ladens die einfache aber effektive und überraschende Kunst des Encaustic-Malens oder vielleicht sollte man besser sagen, „Gestaltens" vermittelte.

Mia hatte noch nie zuvor von dieser uralten Technik gehört. Dabei verteilt man Wachsfarbe auf ein warmes Bügeleisen. Die Farbe verläuft. Man drückt sie auf Papier oder Pappe und lässt sich überraschen, was dabei heraus kommt. Man kann mehrmals Farbe auftragen und zum Beispiel mit den Kanten des Bügeleisens Linien einkratzen.

„Das sieht ja aus wie ein Blumenbeet", juchzte eine Teilnehmerin, die zuvor noch gesagt hatte, sie könne absolut nicht malen. Jetzt war sie wirklich überrascht.

Einige bemalten unifarbene T-Shirts. Anschließend wurden sie fixiert, damit sie waschbar blieben.

Mias Laden war zu einem Treffpunkt für Kunstschaffende und Genießer geworden und hatte sich über die Stadtgrenzen hinaus einen Namen gemacht.
Mia war gern gesehener Gast auf vielen Veranstaltungen. Ihr Freundeskreis war riesig. Von der ehemals farblosen Fleischereifachverkäuferin mit Selbstmordgedanken war nichts mehr geblieben. Sie hatte sich zu einer funkelnden, empathischen Frau entwickelt, die vor Herzenswärme nur so strahlte.

Oft musste sie jetzt an einen ihrer Lieblingssprüche zurück denken.

GLÜCK ist,
am Abend
dankbar AUF DEN

(Nina Sandmann)

Nach gut einem Dutzend Jahren merkte sie, dass sie ein wenig kürzer treten musste. Durchfeierte Nächte perlten jetzt nicht mehr wie Sekt von ihr ab. Sie musste sich Ruhepausen gönnen.

Die Mieterin ihrer kleinen Eigentumswohnung zog der Liebe wegen nach Italien. Sie renovierte ein wenig und zog dort ein. Der Kredit war längst abbezahlt. Zum ersten Mal gönnte sie sich ein paar schöne ausgefallene Möbel- und Dekostücke. Ihr kleines Paradies war perfekt. Und die tägliche Entfernung von der Wohnung in den Laden und abends zurück, tat ihr gut. Wenn sie jetzt zu Hause war, konnte sie endlich einmal abschalten.

Es gab viele interessante Bewerber ihres Herzens in dieser Zeit, und sie vergnügte sich mit vielen. Der alte Spruch – einst auf Männer gemünzt: Erfolg macht sexy! traf auch auf sie zu.

Aber schnell merkte sie, dass nur die wenigsten Männer eine so erfolgreiche Frau an ihrer Seite auf Dauer aushalten konnten und Mia fuhr am liebsten nach einem heißen Date in der Wohnung eines Mannes, noch in der Nacht zurück in ihre eigene.
Morgens alleine aufzuwachen, das Bad für sich alleine zu haben und auch den ersten Kaffee genüsslich mit der Zeitungslektüre im Bademantel mit halbnassen

Haaren zu schlürfen, vermittelte ihr ein Gefühl von Freiheit, das sie nicht eintauschen wollte.
Manchmal lächelte sie dann still vor sich hin und dachte:

*Wenn uns eine Sache fehlt, sollte uns das nicht davon abhalten, alles andere*

IN VOLLEN ZÜGEN

*zu genießen.*

(Jane Austen)

Zu sehr lasteten noch die alten Wunden des sich einsam Fühlens in einer Zweierbeziehung auf ihr. In der Zeit mit Ingo hatte sie sich einsamer als je zuvor in ihrem Leben gefühlt.

Britta und Gabi, ihre treuen Freundinnen, wollten ihr immer wieder einreden, was sie alles versäumen würde. Ein Kind zu gebären, mache eine Frau doch erst zur Frau, und der tägliche Kampf einer Familie gehörten doch irgendwie zum Leben dazu.
Mia liebte die Kinder der beiden und die Kinder sagten ihr oft, dass sie die viel bessere Mutter wäre. Kein Wunder, bei ihr hatten sie viel mehr Freiheiten als zu Hause und sie hatte eine Gabe, sie sinnvoll und voller Spaß zu beschäftigen. Aber jeden Tag wäre ihr das viel zu viel.

Nein, sie genoss ihre Freiheit in vollen Zügen. Aber eines Tages kam ein Kunde in ihren Laden, den sie nicht aus dem Gedächtnis bekam. Er war Schriftsteller. Der Ehemann einer guten Kundin und begeistert von dem Geschäftsmodell des Wiederverwendens, suchte besonders schöne Stoffe aus, aus denen Mias Mitarbeiterinnen eine wunderschöne Bluse plus passendem Haarband und Schal fertigen sollten. Außerdem entdeckte er noch passende Ohrringe.

Mia gefiel die liebevolle Art, wie er alles für seine Frau

aussuchte. Sie kamen näher ins Gespräch. Mia bestellte bei ihrem Buchladen um die Ecke gleich das letzte Buch, das er herausgebracht hatte. Der Mann faszinierte sie.

Als er die Teile hübsch verpackt einige Tage später abholte, hatte sie sein Buch gelesen und konnte ihm dazu noch ein paar Fragen stellen.

Ihm gefiel, wie intensiv sie sich mit seinem Buch beschäftigt hatte und erwähnte dabei ein wenig traurig, dass sich seine Frau leider gar nicht für das, was er schrieb, interessierte.
„Aber wissen Sie, das hat auch etwas Gutes. Ich kann in meine Welt abtauchen, ohne von ihr gestört zu werden. Nur manchmal vermisse ich ein Lob oder ein Gegenargument, wenn ich mittendrin bin. Die Lektorin hat immer nur das Wohl des Verlags im Auge. Mich würde die Einschätzung einer Leserin vor Abgabe schon interessieren."

„Fänden Sie es unverschämt, wenn ich Sie bitten würde, mir Ihre Kapitel in der Entstehungsphase zu schicken. Ich würde Ihnen ehrliches Feedback geben."

Seine Augen leuchteten. „Gute Idee. Das würde ich sehr gerne machen."
Er hatte das untrügliche Gefühl eine Seelenverwandte

getroffen zu haben. Beschwingten Schrittes verließ er den Laden.

Am Abend musste Mia noch einmal über das Gespräch nachdenken. Sie wunderte sich über sich selbst und war gespannt, ob er ihr tatsächlich etwas schicken würde.
Aber schon wenige Tage später hatte sie eine e-Mail mit vielen Anhängen – lauter rohen Kapiteln wie er schrieb – in ihrem Posteingang. Sie las alles mehrfach durch, notierte Schreibfehler und schickte ihm dann eine detaillierte Einschätzung.

Kurz darauf rief er an:
„Liebe Mia, ich bin begeistert. Durch Ihr Feedback habe ich einige Schwachstellen erkannt und darüber hinaus noch einige neue Idee bekommen. Danke, danke, danke, das ist für mich von unschätzbarem Wert. Die Schreibfehler können Sie ignorieren, die werden automatisch von der Lektorin korrigiert. Wie kann ich mich revanchieren?"

„Laden Sie mich doch einfach mal zum Essen ein, dann könnten wir ausgiebig plaudern."
Mia erschrak über so viel Eigeninitiative, aber ihr Wunsch wurde sofort in die Tat umgesetzt.

Sie wollte unbedingt diesem Mann gefallen und deshalb zog sie sich sehr verführerisch an, wählte ein dezentes Make-Up und ließ ihre Haarpracht üppig in ihr Dekolleté fallen. Sie hatte weiß Gott genug Verehrer, aber dieser Mann war etwas Besonderes für sie.

Bald trafen sie sich regelmäßig. Er bestärkte sie auch immer mehr in dem Gedanken, selbst ein Buch zu schreiben. Ihr Lebensweg sei wirklich etwas Ungewöhnliches und könnte Vorbild für viele Frauen sein, redete er ihr immer energischer ein.

Mia merkte, dass sie in diesen Mann verliebt war. Das war ihr seit Ingo nicht mehr passiert, aber da er verheiratet war, ziemlich hoffnungslos. Wollte sie sich das wirklich antun? Aber die Liebe ist ja nun mal eine so zügellose und unberechenbare Macht, dass man ihr bei allem Verstand nur schwer widerstehen kann.

Mia war absolut überzeugt, dass sie sich mit diesem Mann niemals einsam fühlen würde, wie sie das so schmerzhaft mit Ingo erlebt hatte. Dieser Mann fühlte sich so in ihr Seelenleben ein. Ihm war ganz und gar nicht egal, was sie gerade dachte.

Er gab auch viel von sich preis, aber immer nur als Spiegel ihrer Gefühle. So etwas hatte sie noch nie erlebt und er wohl auch nicht, und so kam es, wie es kommen musste, dass er in ihrem Bett landete und sie die Wogen ihres Glücks im Gleichklang erlebten.

Frauen können so gemein sein! Die gehörnte Ehefrau spürte, wie sich ihr Mann veränderte, wie ausgeglichen und fröhlich er plötzlich war. Sobald sich einmal die Gelegenheit bot, griff sie sein Handy und schaute in seine Kurznachrichten. Sie las alle, deren Absender sie nicht kannte. Der Schriftwechsel mit einer Mia war besonders häufig. Sie war jetzt sicher, dass sich dahinter eine ernsthafte Liaison verbarg.

Zunächst sagte sie nichts, aber irgendwann brach es aus ihr heraus und sie konfrontierte ihren Mann mit ihrem Wissen. Er war entsetzt. Nie hätte er ihr zugetraut, dass sie sein Handy missbrauchte.
Einige Tage herrschte Stillschweigen zwischen ihnen, dann wurde sie krank, schwer krank.

Er fühlte sich schuldig. Er besprach sich mit Mia. Auch sie fühlte sich schuldig. Lange wussten sie nicht, wie sie weiter miteinander umgehen sollten. Zu beider Entsetzen kam es tatsächlich so, dass seine Frau ein Pflegefall wurde.

Mia erschrak, als sie sich Wochen später einmal wieder sahen. Er hatte abgenommen, sah schlecht aus. Das tat ihr unendlich leid.

„Ich schaffe es nicht, Mia, sie jetzt im Stich zu lassen. Vor vielen Jahren waren wir auch einmal ineinander verliebt. Dass wir uns so auseinander gelebt haben, wollte ich nicht wahr haben. Ich habe den Absprung verpasst. Ich war zu bequem."
Dabei schaute er so traurig, dass es Mia fast das Herz brach.

„Ich bin immer für dich da, wenn du mich brauchst", sagte Mia unter Tränen. „Aber ich verstehe dich und finde es hochanständig von dir, zu ihr zu stehen. Ich habe noch nie einen Mann wie dich getroffen. Es wäre zu schön gewesen."
Sie drehte sich um und verließ ihn. Sie wollte nicht, dass er sie weinen sah. So bitterlich, wie sie ewig nicht mehr geweint hatte.

Jetzt war sie wieder allein. Nur für kurze Zeit hatte sie die süße Zweisamheit genießen können, von der sie nicht geglaubt hatte, dass es sie wirklich gab. Aber sie war selten, das wurde ihr immer klarer. Viel zu häufig nistete sich die Einsamkeit in die Zweisamkeit ein. Die wenigsten Paare entwickelten sich auf gleicher Stufe. Häufig blieb eine/r auf der Strecke, verlor den Anschluss und fühlte sich dann ausgeschlossen, wurde verbittert oder trübsinnig.

Mia blieb jetzt häufig in ihrer Wohnung. Ihr Laden lief auch ohne sie. Ihr fehlte ihre alte Kreativität, ihr Elan. Sie musste aufpassen, nicht faul und träge zu werden. Aber ein Zurück in irgendeine mittelmäßige Beziehung war für sie undenkbar.

TAG TRÄUMEN ist nicht VERLORENE Zeit, sondern ein Auftanken DER SEELE.

(Aus England)

Wie schon früher einmal, zog sie sich am eigenen Schopf aus ihrer Lethargie.

Die Artikel, die sie im Laden in Kommission nahm wurden immer vielfältiger. Die Frauen, die sie anboten, waren jede auf ihre Weise interessant. Und so erwachte langsam ihre Neugier wieder.

Sie ließ sich auf Liebe mit einer dieser Frauen ein, ohne ehrlich verliebt zu sein. Sie wollte wissen, was es mit ihr machen würde. Sie wollte sich auch in diesem Punkt Klarheit verschaffen, wusste aber bereits nach kurzer Zeit, dass es für sie nicht als ernstes Lebensmodell infrage käme.
Aber auf den Versuch war sie doch ein wenig stolz.

Sie liebte jetzt Rituale und versuchte sich in Achtsamkeit. Ein völlig neuer Charakterzug an ihr.
Das hatte sie von der anderen Frau gelernt.
1. Nur wer sich selbst liebt, kann auch andere lieben.
2. Es ist kein Egoismus, sich selbst etwas Gutes zu gönnen.
3. Wer seinen Körper stärkt, hat auch Kraft für andere.

Sie ließ jetzt immer öfter ihr Leben Revue passieren und merkte, dass sie aufpassen musste, nicht in eine Endlosschleife des „mehr-Haben-wollens“ abzugleiten. Die Genüsse des Erfolgs konnten auch süchtig machen. Aber war es nicht wundervoll, was sie alles erreicht hatte?

„Nein, Mia, du hattest so viel Glück und du hast das Glück bei den Hörnern gepackt. Jetzt sei mal ein bisschen zufrieden mit dir. Was willst du noch?“, schimpfte sie sich aus.

Wie jetzt häufig an Sonntagen, gönnte sie sich mal wieder einen Wellnesstag. Der sah inzwischen so aus: laaange ausschlafen, einen Latte Macchiato schlürfen während das Badewasser mit ätherischen Ölen von Lavendelblüten und indischer Melisse einläuft. Lieblingsmusiksender einschalten, die Duftkerzen im Badezimmer anzünden, eintauchen und abschalten.

Später dann ein ausgiebiges Frühstück mit einem Müsli aus Nüssen, Saaten und Haferflocken mit Joghurt oder Quark und Früchten der Saison. Im Winter durften das auch schon mal Blaubeeren – ihre Lieblingsbeeren – aus Chile sein.
Danach ein Vollkornbrot mit Butter und Rührei, in das sie eine Paprika klein schnitt. Dazu ein weiterer Kaffee.
Um das Ganze noch zu toppen, gönnte sie sich zum Nachtisch eine belgische Praline, die auf der Zunge zerging.

Dann war es mittlerweile Mittag und sie konnte aus den inzwischen eingegangenen Anrufen auf dem Anrufbeantworter auswählen, mit wem sie den Nachmittag oder Abend verbringen wollte.

An so einem Tag durfte sie nur keine Nachrichten im Fernsehen schauen. Wenn sie das Elend der Welt vor Augen geführt bekam, wurde ihr ganz übel.
„Es ist ungerecht, dass es mir so gut und so vielen Menschen so schlecht geht", sagte sie dann immer vor sich hin und wurde dabei ganz trübsinnig.

Am Anfang ihres Erfolgs hatte sie jeden Bittbrief einer Organisation, der in ihrem Briefkasten landete, geöffnet und auch sofort gespendet. Aber mit der Zeit wurden das zu viele. Sie beschränkte sich inzwischen auf wenige, zu denen sie auch einen persönlichen Zugang hatte. Da sie bei Brittas Tochter Melanie und auch bei Gabis Kindern hin und wieder als Babysitter fungiert hatte, wusste sie, wie wichtig es ist, Kindern vorzulesen. Das tat sie jetzt auch ehrenamtlich in diversen Kitas. Sie liebte es in die erwartungsvollen Augen der Kleinen zu schauen, wenn sie wieder mal eine Geschichte spannend vorlas. Eine Tätigkeit, die sie noch auf ein Krankenhaus und eine Kureinrichtung ausweitete. Es bereicherte ihr Leben ungemein und war ihr wichtiger als eine Geldspende, von der sie nicht genau wusste, in welchen Topf diese floss.

„MONDE UND JAHRE
VERGEHEN.
ABER EIN SCHÖNER
MOMENT LEUCHTET
DAS GANZE LEBEN
HINDURCH."

(Franz Grillparzer)

Ihr Laden war inzwischen ein Selbstläufer. Sie behandelte ihre Mitarbeiterinnen so gut, dass diese sehr zufrieden waren und alles taten, dass es auch so blieb. Sie fühlte sich nicht mehr unbedingt gebraucht, ihr fehlten neue Herausforderungen.

Sie dachte jetzt immer öfter über die Adoption eines Kindes nach.
„Ich möchte für jemanden da sein, verstehst du Gabi."
Sie hatten sich – wie häufig – in der Gärtnerei getroffen. Um sie herum die wuseligen Kinder. Gabi musste sie immer wieder ermahnen, ja nicht auf die frisch gepflanzten Gemüsepflanzen zu treten. Sie sollten lieber draußen Ball spielen.

„Ach, Mia, sei doch froh, dass du so unabhängig bist. Du hast doch selbst einmal gesagt, dass dir die Kinder für ein paar Stunden Spaß machen würden, aber nicht für immer. Außerdem ist eine Adoption nicht so einfach. Da musst du viele bürokratische Hürden nehmen. Und ich glaube ja immer noch, dass es für ein Kind besser ist von Mutter UND Vater erzogen zu werden. Wenn du es alleine machst, ist die Gefahr, dass du das Kind zu sehr verhätschelst, riesengroß."

„Du hast Recht, Gabi. Und wie wäre es mit einem Hund?"
„Noch schwieriger. Kinder werden mit der Zeit groß

und selbständig. Ein Tier braucht dich bis zum Lebensende. Tu nichts Unüberlegtes."
„Ach, Gabi. Ich bin irgendwie nie zufrieden. Immer sehne ich mich nach etwas, was ich gerade nicht habe."

„Quäl dich doch nicht. Genieße doch einfach ein bisschen mehr deinen Erfolg." Gabi nahm Mia fest in den Arm.
„Danke, Gabi, es tut so gut, eine Freundin wie dich zu haben."

Mia sah ein, dass Gabi völlig Recht hatte. Anstatt freudig durch die Welt zu laufen, gruben sich die hässlichen Stirnfalten immer tiefer in ihr Gesicht.
Aber da kam ihr zum Glück einer ihrer Lieblingssprüche in den Sinn:

(Giacomo Leopardi)

„DIE WELT GEHÖRT DEM, DER SIE GENIESST.“

„Mädels, ich werde verreisen", verkündete sie am nächsten Tag lautstark im Laden.
„Ihr macht das hier bestimmt auch eine Weile ganz toll ohne mich."

„Was ist mit dir, Mia?" Britta schien besorgt. „Ein neuer Kerl?"
„Nein, absolut nicht. Aber ich brauche mal eine kleine Auszeit. Ich fühl mich ausgepowert, möchte neue Ideen sammeln."

„Das klingt gut." Britta war beruhigt. „Wo soll es denn hingehen?"
„Das weiß ich noch nicht. Ich möchte mich gerne treiben lassen."

„Manchmal könnte man ja echt an Schicksal glauben", dachte Mia, als ausgerechnet an diesem Nachmittag eine sehr gute Kundin in den Laden kam und ihr unter anderem erzählte, dass ihr Bruder, ein Aussteiger – die gesamte Familie war sehr vermögend – vor einem Jahr eine Yacht gekauft habe und in der Ägäis schippere. Im Sommer könnte man über eine Agentur Touren buchen. Natürlich sei das sehr individuell und entsprechend teuer, denn nur für maximal 8 Personen plus Crew sei das Schiff ausgelegt.

Mia ließ sich die Kontaktdaten geben und rief noch am selben Tag an.
Lange dachte sie über das Angebot nach. Es war wirklich recht teuer.
„Aber was habe ich mir bisher gegönnt?", fragte sie laut ihren Kühlschrank, der außer Naturjoghurt, Milch, einem angebrochenen Chardonnay und einem angebissenen Brie, nichts enthielt. Manchmal war sie einfach zu faul zum Einkaufen und erst recht zum Kochen.

Auf dem Heimweg hatte sie – wie so oft – einen Umweg über den Friedhof gemacht und Frau Meier-Petersen einen Besuch abgestattet. Sie vermisste die alte Dame und war ihr doch so unendlich dankbar. Ohne ihr großzügiges Vermächtnis stünde sie heute nicht da, wo sie war. Und der wohlgemeinte Satz: „Wer nicht wagt, der nicht gewinnt!", klang ihr auch heute wieder nach.

Was hatte sie schon von der Welt gesehen? Ihre Eltern hatten niemals Urlaub gemacht. Mit ihrem kleinen Bauernhof wäre das auch gar nicht gegangen. Wer sollte sich um die Hühner, das Schwein und die paar Schafe kümmern? Ganz abgesehen vom Gemüsegarten? Mia musste in den Ferien immer mit anpacken.
Das Einzige, woran sie sich erinnern konnte, war ein Tagesausflug nach Hamburg in den Zoo und stinklangweilige Nachmittage bei irgendwelchen Verwandten.
Ansonsten hatte es ein paar Schulausflüge auf die Halligen und einen nach Kiel mit Besuch des Landtags gegeben.
Später war sie dann ab und zu mit Britta und deren späterem Mann zum Baden oder Picknicken gefahren.

„Ach Britta, was hast du ein Glück mit deinem Jens", ging es ihr jetzt durch den Kopf, als sie den Rest des Chardonnays aus der Flasche trank.
„Jens ist immer für dich da, hat eure Melanie im Grunde allein groß gezogen, denn du bist ja lieber im Laden als zu Hause und außerdem kocht er noch fantastisch", sinnierte sie ein wenig wehmütig weiter.
Und dann stand ihr Entschluss fest.

die
BESTE
ZAUBEREI
liegt in der
guten
LAUNE.

(Johann Wolfgang von Goethe)

Mia buchte vierzehn Tage mit der Option auf Verlängerung.
„Ob sie die Kabine mit jemandem teilen möge, das würde die Kosten erheblich senken“, wurde sie gefragt.
„Nein, danke, ich möchte allein reisen“, sagte sie nun fest entschlossen.“

Jetzt kam wieder Schwung in sie. Sie überlegte genau, was sie alles mitnehmen wollte.
„Nur kein überflüssiges Gepäck. Denk dran, dass du deinen Koffer auch mal alleine tragen musst“, ermahnte sie Gabi, die es ihr von Herzen gönnte, dass sie sich endlich eine Auszeit nahm.

Gemeinsam schauten sie sich die Unterlagen an, die ein paar Tage später ins Haus flatterten. Die Reiseroute mit vielen Angeboten für Ausflüge und so weiter.
„Da wäre ich auch gerne dabei“, seufzte Gabi, aber ohne eine Spur von Neid.

Sie war es auch, die Mia ein paar Wochen später zum Flughafen brachte.
„Pass gut auf dich auf und komm gesund wieder“, sagte sie zum Abschied und drückte ihr etwas in die Hand.
„Mit lieben Grüßen von den Kindern“.
Es waren zwei bemalte kleine Steine. Eines mit einem Segelboot und eines mit einer Blume.

Mia winkte noch lange, bis sie Britta nicht mehr sah.

Zwei Tage blieb sie in Athen, bewunderte wie alle anderen Touristen die Akropolis mit den antiken Bauten und das Nationalmuseum mit den vielen Skulpturen, Vasen und Schmuck aus der Antike.
Danach war sie froh aus der wuseligen Stadt heraus zu kommen.

Im Hafen von Piräus legten in kurzen Abständen die Fähren nach Salamina ab. Sie bedauerte, dass die Überfahrt nur so kurz war, aber bald könnte sie ja täglich das Meer riechen.

Die Agentur, über die sie die Reise gebucht hatte, war schnell gefunden. Überaus freundliche Mitarbeiter begleiteten sie zum Schiff.
Ihr Herz schlug vor Aufregung.

„Hoffentlich werde ich nicht seekrank. Hoffentlich sind die anderen Mitreisenden nicht eingebildete Leute.“ Diese Gedanken gingen ihr plötzlich durch den Kopf.
Aber Schiff und Eigner machten einen absolut vertrauen erweckenden Eindruck. Sie fühlte sich sofort wohl.

Die anderen Mitreisenden entpuppten sich alle als intelligente und interessante Menschen. Mias Angst vor dem ersten gemeinsamen Essen, bei dem sich alle vorstellen und ein wenig über sich erzählen sollten, war völlig unbegründet. Es lief ganz ungezwungen ab.

Als sie sich lange nach Mitternacht, leicht angetrunken in ihrer Kabine auszog, schimpfte sie leise vor sich hin.
„Was bist du nur für eine dumme Gans. Werde endlich mal erwachsen und stehe zu dir. Du hast so viel erreicht, jetzt übe endlich auch mal ein wenig Selbstbewusstsein."
Selbst beim Zähneputzen schimpfte sie immer noch ein wenig unverständlich weiter. Dann fiel sie todmüde in ihre Koje, welche ihrem Boxspringbett in keiner Weise nachstand. Sie schlief so gut wie lange nicht mehr.

Am nächsten Morgen legten sie ab. Die Sonne schien und eine leichte Brise wehte. Reinstes Bilderbuchwetter.
Alle standen auf dem Sonnendeck und warfen einen letzten Blick auf Salamina oder „Salamis, wie die Insel eigentlich heißt", erklärte gerade Heiner, der Skipper.

Sein 1. Offizier Klaus, langjähriger Freund und auch aus Hamburg, wie er am Abend zuvor erzählt hatte,

manövrierte das Schiff sicher an den vielen gerade hereinkommenden Fischerbooten vorbei Richtung offene See.
„Salamis soll die Geburtsstätte des Dichters Euripides sein“, fuhr Heiner fort. „Um 480 v. Chr. fand hier eine wichtige Seeschlacht statt. Teil des Persischen Krieges. Hätten die Griechen diese Schlacht verloren, wären sie unter persischen Einfluss geraten und Europa hätte sich wahrscheinlich anders entwickelt.“
Und nach einer kurzen Pause sagte er: „So, wie Sie alle wissen, ist unser erstes Ziel Kea. Aber jetzt wird erst mal ausgiebig gefrühstückt. Dimitrios mag es gar nicht, wenn wir ihn warten lassen.“

Mia staunte nur so über das, was da alles wunderschön und liebevoll dekoriert zum Verzehr stand. Schon das gestrige Abendessen war ein Gaumen- und Augenschmaus gewesen.
Dimitrios, ein Mann Mitte 40 etwa, hoch wie breit, aber eine Seele von Mensch, stammte aus Piräus und war überglücklich seine Kochkünste endlich an Bord eines Schiffes zeigen zu können. Er liebte das Meer über alles.
Mia fühlte sich wie eine Prinzessin und war froh über ihre Entscheidung, sich diesen Luxus zu gönnen. Sie wertete diesen Reisetraum als Belohnung für ihre jahrelange harte Arbeit. Und wieder einmal dachte sie an Frau Meier-Petersen. Sie hatte den finanziellen

Grundstein gelegt und sie zu all ihren Vorhaben ermutigt.

Auch beim Frühstück, das eher einem ausgiebigen Brunch glich, ergaben sich wie am Vorabend, interessante Gespräche.
Da war zunächst ein älteres Ehepaar aus Hannover. Er besaß eine Heizungsfirma und hatte vor kurzem die Geschäftsführung seinem Sohn übergeben. Die Reise gönnten sie sich zum 40. Hochzeitstag. Er war ein wenig der Typ: raue Schale, weicher Kern. So jedenfalls beschrieb ihn seine Frau liebevoll.

Wie die beiden miteinander umgingen rührte Mia. Sie las ihm jeden Wunsch von den Augen ab und wusste genau, wonach ihm der Sinn stand. Immer wieder balancierte sie elegant zwischen Büffet und Esstisch die leckersten Dinge, und er wurde nicht müde, sie dafür zu loben und ihr zu danken. Dieser Frau machte es aber augenscheinlich überhaupt nichts aus, ihren Ehemann zu bedienen, und er schien es gewohnt zu sein.

Zwischen Lob und herzhaftem Essen fand er noch Zeit, Mia über die Vorzüge einer Infrarotheizung zu unterrichten. Sie hatte ihm erzählt, dass sie einen Wintergarten im Hinterhof ihres Ladens hatte anbauen lassen. Er erklärte ihr, wie einfach eine solche Heizung zu installieren sei, außerdem schick wie ein modernes Gemälde an der Wand hinge und die Saison für den Aufenthalt in diesem Wintergarten enorm verlängern könnte.

„Ich will Ihnen bestimmt nichts aufschwatzen, Frau Wiskowski, aber Sie können sich jederzeit vertrauensvoll an mich wenden."

„Jetzt lass uns doch bitte diese wundervolle Aussicht genießen. So ein blaues Meer habe ich noch nie gesehen", schaltete sich jetzt seine Frau freundlich aber bestimmt ein.
„Ihr Mann hat es nur gut gemeint", entschuldigte Mia ihn, „aber Sie haben recht, ein so blaues Meer ist einzigartig."
„Aber nicht ungewöhnlich für die Ägäis", warf Heiner ein, der hinter sie getreten war. „Ich hoffe, es ist alles zu Ihrer Zufriedenheit."
„Absolut", sagten Mia und die Frau des Heizungsbauers unisono.

Nach dem ausgiebigen Brunch zog es Mia wieder nach draußen. Elke Winter gesellte sich zu ihr. Ihren Namen hatte sich Mia gleich merken können. Sie erinnerte sie irgendwie an frühe Fotos von Elke Sommer in Hochglanzmagazinen. Und ihr Nachname natürlich an Ingo. Ihr außergewöhnlicher Kleidungsstil war Mia schon am Vortag aufgefallen.

„Ihr nachhaltiges Konzept für Ihren Modeladen, begeistert mich", sprach diese Mia jetzt an. „Ich lebe größtenteils in Berlin und würde mir dort auch eine solche Boutique wünschen."

„Ich habe kein Patent auf meine Idee", antwortete Mia lächelnd, „Warum machen Sie nicht selbst solch einen Laden auf?"
„Oh, nein", wehrte Elke Winter jetzt ab. „Ich habe mit meiner kleinen Werbeagentur mehr als genug zu tun. Sie glauben gar nicht wie anspruchsvoll die Kunden in den letzten Jahren geworden sind. Wenn ich mir nicht immer etwas wirklich Neues und Umsatzstarkes einfallen lasse, sind sie weg. Eine Treue wie früher, wo sich eine Marke für immer von derselben Agentur beraten ließ, gibt es nicht mehr."

„Da geht es mir tatsächlich besser", sagte Mia nachdenklich. „Wir hatten schon im zweiten Jahr eine Stammkundschaft, die uns das Überleben sicherte.

Gerade musste Mia an Britta denken. „Sobald wir auf Kea sind, muss ich unbedingt Postkarten kaufen. Britta liebt Postkarten über alles. Viel mehr als Anrufe oder Whatsapp", ging es ihr durch den Kopf.

Elke Winter unterhielt sich noch lange mit Mia. Die beiden Frauen verstanden sich auf Anhieb sehr gut.

Sie hatte ebenso wie Mia eine Kabine für sich alleine.

Auf dem Sonnendeck cremten sich jetzt die zwei Turteltäubchen, so hatte Mia sie getauft, gegenseitig ein. Es war ein junges Paar aus Hamburg, das Heiner schon länger zu kennen schien.

Als Mia gegen Mittag in ihre Kabine ging, fand sie dort alles schon wieder tiptop gepflegt vor. Die zwei Matrosen, Vietnamesen wie Heiner am Abend zuvor erzählt hatte, waren die reinsten Heinzelmännchen. Man hörte sie nicht, sah sie kaum, waren aber immer da, wo sie gerade gebraucht wurden.
Wenig später hatten sie auch schon Kea erreicht. Mia hatte in den Reisebeschreibungen gerade noch einmal nachgelesen. „Kea ist die westlichste Insel der Kykladen-Gruppe und vom Festland aus mit vielen Fähren gut zu erreichen. Deshalb tummeln sich dort auch besonders viele Griechen. Mit dem Bus kann man von dem malerischen Hafen Korissia zum Hauptort Chora fahren mit einer Burg aus dem 13. Jahrhundert."

„Wer kommt mit nach Chora?" rief da auch schon Heiner. Bis auf die Turteltäubchen wollten alle mit. Mia war froh, sich noch mal ordentlich mit Sonnencreme versorgt zu haben. Es war gefühlt 15 Grad wärmer als in ihrer norddeutschen Heimat.

Der Ausblick von der Burg war atemberaubend. Der Auf- und Abstieg auf dem alten Pflaster aber sehr anstrengend. In einem pittoresken Café machten sie Pause und Mia entdeckte herrlich altmodische Postkarten mit verschwenderisch bunten Blumen, engen Gassen und bunten Häusern vor einem tiefblauen Meer.

„Das finde ich ja reizend", meinte Heiner schnippisch zu Mia, „wer schreibt denn heute noch Postkarten?"

„Ich", gab Mia ebenso schnippisch zurück. „Meine Freunde freuen sich darüber."
„Na, hoffentlich kommen sie auch an, bevor Sie wieder zu Hause sind", stichelte er weiter.
Mia ließ sich nicht aus der Ruhe bringen. Sie schrieb und schrieb und schrieb, bis der Bus hielt, der sie zum Hafen zurück brachte.

Ein zweites fantastisches Abendessen wurde serviert. Diesmal mit frischem Fisch in den verschiedensten Variationen, als Vor- und Hauptspeise.
Die Turteltäubchen wollten von Mia wissen, wie ihr der Ausflug gefallen habe. Sie selbst erzählten dann ausführlich, dass sie mit Heiner über fünf Ecken verwandt seien. Stella, so hieß sie, entpuppte sich als Bloggerin mit Schwerpunkt Diskriminierung jeder Art und Hass im Netz.

„Eine sehr engagierte und kluge junge Frau“, dachte Mia. Ihrem Mann gehörte ein alteingesessener linker Buchverlag, von dem Mia schon öfter gehört hatte. Es war ihre Hochzeitsreise, die sie von ihren reichen Eltern geschenkt bekommen hatten.

Nach dem Essen hatten alle gemeinsam beschlossen, dass es an der Zeit wäre, sich zu duzen.

Auch an diesem Abend schlief Mia sehr zufrieden ein und träumte die herrlichsten Träume.

Der dritte Tag in Folge mit einer Luft wie Seide, einem wolkenlosen Himmel und einer glatten, blauen See. Wieder labten sich alle an dem fantastischen Buffet, dass Dimitrios so abwechslungsreich und üppig wie schon am Vortag aufgetischt hatte.

Und genauso wie am Vortag gab Heiner einige Erklärungen zu ihrer nächsten Insel: Tinos.
„Ich möchte Euch in erster Linie zeigen, wie unterschiedlich die über 3000 Inseln in der Ägäis sind.“

„Sagtest Du gerade, über 3000“?, fragte Elke Winter ungläubig.

„Ganz genau. Wir könnten jahrelang unterwegs sein, wollten wir sie alle besuchen. Mich hat diese Inselwelt so fasziniert, dass ich unbedingt hier meine Törns anbieten wollte. Außerdem mag ich die griechische Mentalität. Aber am besten, Ihr bildet Euch selbst Eure Meinung."

Heiner nippte an seinem Kaffee, bevor er weiter sprach.
„Tinos ist karg, aber so kommen die wunderschönen weißen Dörfer mit ihren blauen Fensterläden und den blühenden Oleanderbüschen davor, im Gegensatz zu den Bergen, besonders gut zur Geltung.
Wer kommt mit nach Chora?"

„Aber da waren wir doch gestern", warf Mia lachend ein.

„Sehr richtig, aber Ihr müsst wissen, Chora bedeutet nichts anderes als Hauptort und ist für griechische Inseln typisch."

Als sie gegen Mittag auf Tinos ankamen, hatte der Wind zugelegt.
„Das ist hier immer so", meinte Heiner verschmitzt.
„Tinos ist der Geburtsort des Windgottes Aiolos. Der Meltim weht hier immer. Ihr werdet sehen, es gibt hier wenig Wald oder Bewuchs, der ihn aufhalten könnte."

Beim Spaziergang fiel allen auf, dass es auf der Insel

intensiv nach Weihrauh roch. Überall traf man auf Ikonen und Marienstatuen.

„Kein Wunder. Hier gibt es Griechenlands berühmteste Wallfahrtsstätte. Deshalb wird es auch das Lourdes von Griechenland genannt. Aber Tinos ist auch eine der ruhigsten und authentischsten Insel der Ägäis. Diese „Ballade von Weiß und Blau“ der Häuser vor den kahlen Hängen ist besonders am Nachmittag ein gewaltiges Farbspiel.“

Alle hingen an Heiners Lippen, wenn er von „seinem“ Griechenland sprach. Sonst war er der absolut ruhige, in sich gekehrte Typ, aber man merkte, wie viel Spaß es ihm machte, seinen Gästen die Inseln näher zu bringen.

Das ganze Gegenteil war am nächsten Tag die größte der Kykladen-Inseln: Naxos. Im Hafen herrschte ein buntes Treiben. Viele Cafés luden zum Verweilen ein und unzählige Souvenirläden zum Shoppen.

Da sie zwei Tage auf Naxos blieben, machten sie zunächst eine Entdeckungstour und Zeitreise und fuhren am anderen Tag an den Strand von Agios Prokopios.
Heiner und Klaus zeigten wie fit sie im Kitesurfen waren, aber außer den Turteltäubchen wagte sich

keiner in die Luft. Die anderen genossen diesen traumhaften Tag mit Schwimmen und Schnorcheln.

Dimitrios bescherte ihnen ein delikates Picknick mit vielen unterschiedlichen Mezze, die könnte man am besten mit spanischen Tapas vergleichen, und würzigem Käse.

Mia hatte lange mit Britta telefoniert. Im Laden lief alles reibungslos. Das einzige, was sie beunruhigte war, dass die Polin, die sie vor einiger Zeit für ihren Vater angestellt hatte um ihn zu Hause zu pflegen, im Laden angerufen hatte um mitzuteilen, dass ihr Vater im Krankenhaus liege. Sein Zustand sei bedenklich.

Britta hatte lange mit sich gerungen, ob sie Mia das überhaupt sagen sollte, aber schließlich war die Wahrheit besser als ein Verschweigen.

„Danke, Britta, es war richtig, dass du es mir gesagt hast. Bitte halte mich auch weiter auf dem Laufenden. Schade, dass du nicht hier sein kannst. Ich habe mir etwas so Schönes nicht vorstellen können."

„Ich bin froh, dass du endlich mal an dich denkst. Du hast es dir wirklich verdient, Mia. Alles Liebe und bis bald."
„Danke Britta. Ich melde mich."

Ohne, dass sie es wollte, wühlte das Gespräch Mia doch mehr auf als ihr recht war. Sie empfand keine große Liebe für ihren Vater, dafür hatte er zu viel falsch gemacht in seinem Leben. Auch gegenüber ihrer Mutter, die viel zu früh gestorben war. Aber mit den Jahren war sie immer mehr davon überzeugt, dass er es nicht besser gewusst hatte, dass es der Krieg und seine trostlose Kindheit gewesen sein mussten, die diesen empathielosen Menschen hervor gebracht hatten. Als sie gemerkt hatte, dass ihr Vater seinen Alltag nicht mehr allein bewältigen konnte und partout nicht ins Altersheim wollte, hatte sie diese liebe Frau eingestellt.

„Bitte mach keinen Scheiß und stirb nicht, wenn ich im Urlaub bin", schickte sie jetzt ein Stoßgebet gen Himmel.

„Kommst du noch mal mit ins Wasser?" Elke holte sie wieder in die sonnige Wirklichkeit.

„Gerne." Mia war froh, dass sie nicht weiter an das Gespräch denken musste.

„Du, darf ich dir etwas anvertrauen?" Während Elke neben ihr schwamm, stellte sie Mia diese Frage.

„Aber klar. Geht es dabei um Klaus"?, fragte Mia grinsend. Es war ihr nicht entgangen, dass Elke, wann immer möglich, seine Nähe suchte.

„Du, so etwas ist mir schon lange nicht mehr passiert. Hast du mal bemerkt, was für schöne Hände er hat? Und dieses Lächeln. Weißt du, ob er verheiratet ist?"

„Nein. Ich weiß nur, dass er auf Salamina lebt und

scheinbar schon recht lange. Er spricht ja fast perfekt griechisch, so weit ich das beurteilen kann."

„Meinst du, ich soll einfach die Initiative ergreifen? Er schaut mich immer so lieb an, aber er tut nichts."
„Wer nicht wagt, der nicht gewinnt", antwortete Mia voller Überzeugung und dachte einmal mehr an Frau Meier-Petersen.

Am liebsten hätte Mia die Zeit angehalten. Spätestens auf Kos konnte Mia alle Gäste an Bord und die Crew gut einschätzen. Es hatte sich heraus kristallisiert, dass die Turteltäubchen sehr sportlich, aber am liebsten für sich alleine blieben. Die antiken Sehenswürdigkeiten waren bei ihnen zu gut deutsch: „Perlen vor die Säue geschmissen."

Gleiches galt auch für das ältere Paar aus Hannover. Nur mit dem Unterschied, dass sie nicht sportlich waren.

Elke war über alle Ohren in Klaus verliebt, Heiners ersten Offizier, der das Schiff ruhig und bedacht durch die Ägäis steuerte, stets zu jedem und jeder liebenswürdig war, von dem man aber nur wusste, dass er auf Salamina lebte, Heiner schon lange kannte und ebenso wie Dimitrios froh war, auf dem Wasser zu sein.

„So nachdenklich?" Heiner war, ohne dass sie es bemerkt hatte, zu ihr getreten.

„Ich überlegte gerade, ob es zu heiß ist, um mit dem Fahrrad zum Heiligtum Asklepieon zu radeln", mogelte sich Mia ein wenig heraus.

„Gute Idee. Ich frage mal, wer mitkommen möchte."

Wie jeden Morgen hatte ihnen Heiner wieder die interessantesten Informationen über ihr neues Ziel erzählt.
„Auf Kos wurde Hippokrates geboren, der Vater der modernen Medizin. Hier gibt es das große Kurzentrum des antiken Griechenland zu bestaunen, neben unzähligen Ruinen und Ausgrabungsstätten. Nicht zu vergessen die heißen Thermalquellen. Aber wen das alles nicht interessiert: natürlich gibt es auch kilometerlange Sandstrände."

Mia hatte sich schon zum Radfahren umgezogen, als Heiner verkündete: „Außer uns möchte niemand mit."

Es waren nur ein paar Schritte bis zum Fahrradverleih. Rasch waren die passenden Räder ausgesucht. Heiner hatte vorsorglich Obst und Getränke mitgenommen.

Sie verließen die Stadt Kos und den Hafen Mandraki Richtung Ausgrabungsstätte. Leider war die Straße ziemlich befahren, so dass sie schweigend hintereinander fuhren.

Heiner las Mia das Fragment des Hippokratischen Eids vor, den dieser angeblich etwa 400 vor Christus verfasst haben soll. Wieder staunte Mia über die reichen Schätze des Altertums und wie viele davon in Griechenland zu finden sind.

Aber jetzt war es wirklich recht heiß geworden und so suchten sie sich einen Olivenhain und setzten sich in den Schatten.

Mia gefiel, dass Heiner gern sein Wissen weiter gab, aber darüber hinaus sehr schweigsam war. Doch nun, mit ihr alleine, taute er plötzlich auf.

„Meine Schwester hat mir erzählt, was für einen tollen Laden du hast. Sie ist immer wieder begeistert, wie gut du und deine Mitarbeiterinnen sie berätst. Sie liebt jedes Teil von dir."

„Oh, danke", sagte Mia leise und wurde ein wenig rot. „Ich glaube, unsere Kundinnen merken, wie gerne wir arbeiten."
Es entstand eine längere Pause, dann fasste sich Mia ein Herz und fragte: „Wie kam es, dass du deine Firma verlassen und dich nach Griechenland abgesetzt hast?"

„Das war für mich eine logische Folgerung. Bis vor zwei Jahren war für mich mein beruflicher Erfolg alles. Nachdem meine Liebe zu einer Frau wegen meines Ehrgeizes zerbrach, arbeitete ich nur noch mehr. Dann passierte es. Ich erlitt in der Firma einen Herzinfarkt. Zum Glück hatte ich kurz zuvor einen Defibrillator angeschafft und meine Mitarbeiter und mich dafür geschult. Wir hatten erlebt, wie eine Sekretärin, sie stand kurz vor der Rente, verstarb, weil der Rettungswagen zu lange brauchte. Dieses Gerät hat mir das Leben gerettet. In der Reha habe ich mir geschworen, mein Leben zu ändern und voila, du siehst das Ergebnis."

Wieder entstand eine lange Pause. Dann fragte Heiner: „Was denkst du?"

„Ich denke gerade, dass für mich diese Reise auch eine Art Wendepunkt wird. Ich hatte gespürt, wie ausgepowert ich bin und als mir deine Schwester von der Möglichkeit zu diesem Urlaub erzählte, kam mir das vor, wie ein gut gemeinter Rat."

„Klaus hat mich in der Reha besucht. Er lebt schon seit 5 Jahren mit seiner griechischen Frau auf Salamis, kommt nur noch ab und zu nach Hamburg. Er hat mich auf das Schiff im Internet aufmerksam gemacht, es sich genau angeschaut – er versteht davon wesentlich mehr als ich – und mich auf die Idee gebracht, diese kleinen, feinen Reisen anzubieten. Den Rest der Reha-Zeit habe ich darauf verwendet, so fit wie nur möglich zu werden. Gleichzeitig habe ich angefangen, Griechisch zu lernen."

„Und wo wohnst du jetzt, wenn du nicht unterwegs bist?"

„Auf dem Schiff. Ich habe noch nichts Passendes gefunden. Aber ich kann ja auch jederzeit bei Klaus übernachten. Das habe ich im Winter übrigens ein paar Mal gemacht. Du glaubst gar nicht, wie kalt es im Winter hier werden kann."

Nachdem das mitgebrachte Obst und die Getränke alle waren, radelten sie wieder los. Jetzt auf kleinen Nebenstraßen, ohne Verkehr, nebeneinander her.
Mia merkte, wie ausgesprochen sicher und beschützt sie sich an Heiners Seite fühlte. „Das ist etwas völlig Neues", dachte sie und hätte noch stundenlang so weiter fahren können.

Am nächsten Tag fuhren sie alle zusammen in einem Kleinbus über die Insel. Plötzlich wollten auch die anderen ein wenig von den antiken Ruinen sehen. An einem besonders schönen Sandstrand hielten sie später an und vergnügten sich den Rest des Tages.

Mia überlegte, ob sie Elke erzählen sollte, dass Klaus verheiratet sei. Es tat ihr weh, wie ihre neue Freundin den Steuermann anschmachtete.
„Bestimmt habe ich so früher Ingo angeschaut", ging es ihr durch den Kopf.

Sie spielten Frisbee und Strandball, und es ergab sich keine passende Gelegenheit. Mia verschob ihre Gedanken und freute sich am Jetzt. Sie konnte sich nicht erinnern, wann sie das letzte Mal so ausgelassen war.

Tags darauf erreichten sie Rhodos. Mia erinnerte sich, dass sie in der Schule von den Rittern des Johanniterordens zur Zeit der Kreuzzüge gehört hatte. Die mächtige Burg über der Altstadt war nicht zu übersehen. Schon bei der Einfahrt in den Hafen von Rhodos Stadt begrüßte sie jeden Gast.

Mia fühlte sich nicht gut. Zu spät hatte sie gestern bemerkt, dass die Sonne ihr zugesetzt hatte, wahrscheinlich noch unterstützt durch das Schwitzen beim Ballspiel. Deshalb war sie heute die Letzte, die zum Buffet-Brunch erschien. Gerade hörte sie Heiner sagen:
„Rhodos ist laut Statistik die sonnigste der griechischen Inseln und dem Sonnengott Helios zugeordnet. Dieser soll in Form des Koloss von Rhodos an der Hafeneinfahrt gestanden haben, aber keiner weiß mehr, wo genau. Ich würde gern mit euch zum „Tal der Schmetterlinge" fahren. Ein wunderschönes Reservat soll das sein. Ich war selbst noch nicht dort. Auf jeden Fall ist es dort schattig", fügte er mit einem leichten Schmunzler in Richtung Mia noch an. „Danach geht es dann weiter nach Lindos. Klaus wird mit dem Schiff dort hin kommen."

Heiner hatte nicht zu viel versprochen. Das wild-romantische Tal bot jetzt Mitte Juni mit seinem linden Wind angenehme Kühle. Durchzogen wurde es von einem Bach, über den es immer wieder auf luftigen Brückenkonstruktionen rüber und hinüber ging, unter ihnen oft kleine Wasserfälle. Die Ranger hatten sie eingangs dringend gebeten, so leise wie möglich zu sein, um die Schmetterlinge nicht zu stören. In der Luft schwebte tatsächlich ein Teppich aus filigranen schwarz-weißen Flügeln, dann wieder Streifen oder Punkten.
„Eine traumhafte Kulisse", dachte Mia und war einfach nur glücklich. Mit einem Blick zu Heiner glaubte sie bei ihm das gleiche Gefühl zu spüren.
„Eine ganz andere Art von Liebe", durchzuckte es sie in diesem Moment. Nicht wild und besitzergreifend und nach Sex dürstend, sondern ruhig und friedlich und ganz besonders angenehm.

Auch auf der Weiterfahrt nach Lindos blieben alle recht still und in sich gekehrt. Das „Tal der Schmetterlinge" hatte sie in gewisser Weise verzaubert.

Sie machten noch kurz Halt bei einer großen Straußenfarm. Die majestätischen Tiere waren in echt größer, als sie alle gedacht hatten. Heiner kaufte ein Ei.

Das hatte er Dimitrios versprochen. Es schmeckte allen am nächsten Morgen in Form von Rührei mit Kräutern köstlich.

Dimitrios freute sich, dass seine Idee so gut ankam. Er erklärte stolz:
„Und Straußenei hat viel weniger – wie heißt das??" –
„Cholesterin", ergänzte Heiner lachend.

Auch den nächsten Tag in Lindos ging Mia ruhig an. „Die gesamte Stadt steht unter Denkmalschutz und liegt malerisch an einer wunderschönen Bucht", las Mia gerade. „Ja, das stimmt", dachte sie.

Die Turteltäubchen hatten sich mit dem Ehepaar aus Hannover zusammen getan. Elke blieb bei Klaus an Bord des Schiffes, Mia zog alleine los. In einem Café in der Altstadt entdeckte sie Heiner.

„Mir ist es hier tagsüber zu touristisch. Jetzt wird es langsam ruhiger", sagte er anstatt einer Begrüßung.

„Bist du gern allein?", fragte Mia ganz spontan. Wieder entstand eine längere Pause, wie es Mia jetzt schon von ihm kannte.

„Ehrlich gesagt habe ich nie wirklich darüber nachgedacht", antwortete Heiner nachdenklich, „aber ich glaube, ja. Ich war schon als Kind so. Am liebsten probierte ich Dinge alleine aus, wollte wissen, wie etwas funktionierte, auch wenn es Stunden dauerte. Meine Freunde hatten nie diese Geduld, deshalb spielte ich auch gern alleine."

„Ich habe noch nie einen Mann erlebt, der so viel Ruhe ausstrahlt, wie du", sagte Mia nachdenklich. Ihre Hände berührten sich wie zufällig.

„Bewahre dir die Erinnerung
an den Duft des Sommers.
Er ist verwandelter
Sonnenschein."

(Sonja Blumenthal)

Heiner sagte das so, als sei es für ihn selbstverständlich.

Mia zuckte zusammen. „Woher kennst du diesen Spruch?"
„Meine Oma hat ihn oft gesagt. Entschuldige, aber ich muss zum Schiff zurück. Klaus fiel auf der Fahrt nach Lindos eine Unregelmäßigkeit des Motors auf. Wir wollen der Sache auf den Grund gehen."
Damit stand er auf, küsste sie aber ganz zart auf die Stirn.
Sie roch den angenehmen Duft seines Rasierwassers an ihrem Gesicht. Für sie war das jetzt ihr „Duft des Sommers".

Sie mussten einen weiteren Tag in Lindos bleiben. Klaus benötigte ein Ersatzteil von der Werft. Endlich fand Mia Gelegenheit mit Elke zu sprechen. Ganz vorsichtig wagte sie sich an das heikle Thema, aber Elke kam ihr zuvor.
„Ich weiß, was du mir sagen willst, Mia. Hast du es von Heiner?"

Mia nickte nur.

„Klaus ist mit einer Griechin verheiratet. Ich weiß. Sie haben sich in Hamburg kennen gelernt. Sie hat in Deutschland studiert, ist Ärztin, hatte dann aber große Sehnsucht nach ihrer Heimat und Klaus ist aus Liebe zu ihr mitgekommen. Ach Mia, warum kann man nicht alles im Leben haben?"

„Weil das Leben so ist, Elke. Werdet ihr Freunde bleiben?"

„Ich hoffe, ja. Angeblich ist es geklärt zwischen ihnen, dass er, solange er mit Heiner unterwegs ist, machen kann was er möchte. Klingt nach einer sehr klugen Frau."
Elke lächelte. „Und was gibt es bei dir Neues?"

Aber bevor Mia antworten konnte, klingelte ihr Handy. „Sorry, aber da muss ich dran gehen."

„Hallo Britta, wie geht es meinem Vater?“

„Er kommt wahrscheinlich schon morgen aus dem Krankenhaus.“

„Ach, wie gut“, entfuhr es Mia.

„Nein, gar nicht gut, Liebes. Es ist nicht die Bandscheibe wie die ganz Zeit vermutet. Er hat Knochenkrebs. Letztes Stadium. Er weiß es. Will aber unbedingt zu Hause sterben.“

Mia musste weinen. Tonlos liefen ihr die Tränen über die Wangen.
„Danke, Britta. Dann weiß ich wenigstens, was auf mich zukommt. Wie lange wird er noch haben?“

„Schwer zu sagen. Ein paar Monate, aber vielleicht auch nur Wochen.“

„Gibt es auch noch schöne Neuigkeiten?“

„Die herrlichen Seidenstoffe aus Como sind endlich eingetroffen. Sie sind noch leuchtender in der Farbe als auf den Mustern. Ich bin ganz begeistert und die Kundinnen auch.“

„Das freut mich Britta. Grüß bitte alle ganz lieb von

mir. Sind meine Postkarten schon angekommen?“

„Nein, bis jetzt noch nicht.“
„Ach, ganz liebe Grüße von Gabi. Sie war gestern mit den Kindern im Laden. Hat gefragt, ob ich etwas von dir gehört hätte. Und die Kinder wollten wissen, ob du schon braun bist.“

„Ich schicke dir gleich mal ein Selfie. Kannst es gerne an Gabi weiter leiten. Bis bald, Liebe.“

Elke sah Mia mit fragenden Augen an und nahm sie wortlos in die Arme.
„Du hast Recht. So ist das Leben, und es ist nicht immer gerecht.“

„Vielleicht wäre es dann auch viel zu langweilig.“
Mia hatte sich wieder im Griff. Erst viel später fiel ihr ein, dass sie Elke nichts von Heiner und sich erzählt hatte.

In dieser Nacht schlief Mia nicht gut. Zu viel ging ihr durch den Kopf.

Das Schiff glitt wieder ohne Probleme durch die ruhige See. Am Horizont kam Kreta ins Bild, mit ca. 600.000 Einwohnern die größte griechische Insel.

„Wir gehen in Heraklion vor Anker" hatte Heiner gesagt und Mia fragte: „Wie heißt es nun richtig? Heraklion oder Iraklion? Und wieso gibt es im Griechischen so oft dasselbe Wort für mehrere Dinge? Es fing an mit Chora auf Kea, dem Hauptort. Der hieß auf Tinos und Naxos genauso. Dann der Hafen Mandraki auf Kos. Auf Rhodos hieß er auch so. Genauso dachte ich, es gäbe nur eine Akropolis, die in Athen. Nein, ob in Lindos oder anderswo heißen alle Bauten auf einer Anhöhe Akropolis."

„Da siehst du, liebe Mia, wie praktisch die Griechen sind. Sie machen sich das Leben nicht so schwer wie wir Deutschen." Und weiter fuhr er fort: „Kreta ist sehr bergig. Der höchste Berg im Ida-Gebirge ist fast 2.500 Meter hoch. Es gibt unzählige Höhlen und tiefe Schluchten. Vielleicht habt ihr schon mal von der Samaria-Schlucht gehört. Sie ist die bekannteste."

„Ein Freund von mir hat sie letztes Jahr durchwandert. Er sagt, sie sei gigantisch", bemerkte der Mann aus Hannover. Mit dessen Frau hatte Mia mehrere nette Unterhaltungen geführt. Mia wollte unbedingt dahinter kommen, wie man eine so augenscheinlich gute Ehe führen konnte. Es ließ sich mit einem Satz sagen:

**Hinter jeder langen Ehe steht eine kluge Frau.**

(Ephraim Kishon)

Sie hatten sich wieder einen Kleinbus gemietet. Diesmal waren alle dabei. Natürlich absolvierten sie den Palast von Knossos, aber Klaus, der schon oft auf Kreta war, zeigte ihnen auf landschaftlich schönen Wegen, die nicht touristischen Kleinode.
Sie durchstreiften die Natur und Klaus machte sie auf die vielen endemischen Pflanzen und zahlreichen Kräuter aufmerksam, von deren Duft die Luft erfüllt war. Thymian, Salbei, Minze, Oregano und viele mehr, deren Namen niemand kannte.
Jetzt im Juni blühte alles überschwänglich.
„Im Herbst sieht das nicht mehr so schön aus", hatte Klaus bemerkt.

„Was haltet ihr davon, wenn wir welche abschneiden und Dimitrios mitbringen. Bestimmt freut er sich darüber", war Elkes Idee.

Dimitrios war tatsächlich hocherfreut. Er hatte auf dem Markt frische Lammkeulen erstanden. Die schmurgelten nun in bestem Olivenöl, Wein und den mitgebrachten Kräutern im Herd. Der Duft zog hinauf bis zum Sonnendeck. Es wurde der schönste feucht-fröhliche Abend an Bord.

Mia freute sich, dass Heiner auch die beiden Vietnamesen und natürlich auch Dimitrios bat, mit ihnen zu essen. So etwas war absolut nicht üblich unter Skippern.

„So ist nur Heiner“, sagte Klaus später einmal. „Er bezahlt auch viel besser als alle anderen. Er kann sicher sein, dass wir für ihn und sein Schiff alles machen würden.“

Nachdem die Turteltäubchen und das Ehepaar aus Hannover in ihren Kabinen waren, sagten auch Klaus und Elke gute Nacht. Mia war mit Heiner allein und für alle anderen schien dies das Normalste von der Welt zu sein.

„Warum bist du nicht verheiratet“?, fragte Heiner unverhofft in die Stille.

Mia war verunsichert. Doch dann sagte sie: „Ich glaube, alleine ist man nicht so einsam. Ich habe eine schlechte Erfahrung mit einem Mann gemacht.“

Heiner sah sie lange an. „Ich verstehe dich so gut. Mir geht es genauso.“ Und nach einer langen Pause: „Könntest du hier leben, Mia?“

Damit hatte sie nicht gerechnet. Sie kannten sich doch gar nicht. Außer zarten Berührungen und seinem Kuss auf die Stirn war nichts gewesen und dann diese Frage. Aber das passte zu Heiner. Er machte nicht viele Worte. „Ein typischer Norddeutscher“, dachte Mia.

„Um ehrlich zu sein: ich glaube nicht. Ich habe mich aber auch noch nie mit einem solchen Gedanken beschäftigt. Bitte versteh' mich nicht falsch. Ich finde dich wunderbar. Diese Reise ist das Beste, was ich mir jemals gegönnt habe. Aber weiter kann ich noch nicht denken."

„Alles gut, Mia. Lieb, dass du so ehrlich bist. Ich wollte dir nur sagen, wie tief ich für dich empfinde."

Jetzt übernahm Mia die Initiative und küsste ihn sehr lange. Alles, was in dieser Nacht noch geschah war für sie etwas noch nie Dagewesenes. Sie nannte es später immer: Das Wunder von Kreta.

Die restlichen Tage auf der Insel und die Rückfahrt nach Salamina verliefen in völliger Harmonie von allen.
Beim Abschied versprach man sich, sich nicht mehr aus den Augen zu verlieren.

Elke weinte sehr, vertraute aber Mia an, dass sie im Oktober noch einmal kommen würde.
„Und was ist mit dir, Mia?"

„Ich weiß noch nicht. Mein Vater wird bald sterben. Ich muss mich um alles kümmern. Ich kann noch nichts planen."

Sie blieb noch zwei Tage mit Heiner alleine auf dem Schiff. Dann reisten schon die nächsten Gäste an.

„Schau mal. Für dich." Heiner gab ihr eine große Tüte. Sie erkannte sofort das Logo der Straußenfarm. Aufgeregt packte sie das Geschenk aus. Es war ein Straußenkopf mit langem Hals aus Keramik.

„Wenn du den in einen grünen Strauch steckst, sieht er aus wie ein echter Strauß", lachte Heiner.

Mia freute sich. Das hatte sie nicht erwartet. Aber typisch Heiner. Sie war sicher, dass ihre Freundschaft bestehen blieb.

Ein paar Tage nach ihrer Rückkehr trat Mia die schwere Fahrt in ihr Elternhaus an. Sie bekam einen riesigen Schreck, als sie ihren Vater sah. Er war so abgemagert und hinfällig, dass er ihr mehr als leid tat.
Anna, die Polin, versorgte ihn rührend.
„Ich könnte das nicht", dachte sich Mia und bewunderte die fremde Frau, mit welcher Hingabe diese ihre Arbeit tat.

Zwei Tage nachdem sie ihn besucht hatte kam der Anruf von Anna. In gebrochenem Deutsch sagte sie: „Ihr Papa ist letzte Nacht eingeschlafen. Ich glaube, er nur darauf gewartet hat, dass Sie kommen."

Mia kümmerte sich um alles und Anna half ihr so gut sie konnte dabei. Die Tiere waren schon lange an Nachbarn verschenkt worden, jetzt ging es auch um die Auflösung des Haushalts.

Dann war es Zeit, Abschied zu nehmen. Anna fuhr in ihre Heimat und Mia stand in ihrem Elternhaus, an dem innen und außen seit gefühlten 40 Jahren nichts mehr gemacht worden war.
„Du warst wirklich ein sturer, alter Bock", ertappte sich Mia, „du hast es uns nie leicht gemacht. Du hast Veränderungen gehasst."

War sie, wegen des schlechten Vorbildes, genau entgegengesetzt? Sie schlenderte durch den großen Garten. Was sollte sie jetzt mit dem Haus und Grundstück anfangen?

Wieder kam ihr das Schicksal freundlich entgegen. Die Turteltäubchen riefen an und erkundigten sich, ob sie auch wieder gut zu Hause angekommen sei. „Oder bist du gleich bei Heiner geblieben"?, frage Stella ein wenig provozierend.

„Nein, natürlich nicht. Wir sind nur gute Freunde. Entschuldigt, mein Vater ist vor kurzem gestorben, und ich habe wahnsinnig viel zu tun."

„Oh, unser aufrichtiges Beileid. Das wussten wir nicht. Wir wollten dich nur bitten, dass du an uns denkst, wenn du mal etwas hörst. Wir wollen aufs Land ziehen und suchen dringend eine Immobilie."

Mia durchzuckte es. Sie war wie gelähmt.

„Mia, bist du noch dran?" Stella klang besorgt.

„Ja, ja, natürlich", sagte Mia schnell, „es ist nur so, dass ich mein Elternhaus samt großem Garten verkaufen will."

Jetzt entstand auf der anderen Seite eine Pause. Stella

schien sich leise mit ihrem Mann zu unterhalten.
„Dürften wir uns das mal ansehen?"

„Natürlich gerne. Aber es ist ein wenig herunter gekommen. Mein Vater hat lange nichts darin investiert."

„Das schreckt uns nicht."
Man verabredete sich für den kommenden Samstag.

„Das Haus ist toll", war Eriks Meinung, nachdem sie alles angeschaut hatten. „Aber der Garten ist ein wenig zu groß", meinte jetzt Stella.
„Wir würden viel in Eigenleistung am Haus machen. Da bleibt nicht viel Zeit für Gartenarbeit."

„Wenn ihr hier an der Seite einen Streifen für einen Weg abgeben würdet, könnte man das Grundstück teilen und eine Hinterlandbebauung möglich machen. Das wurde schon bei vielen Nachbarn auch so gemacht."

„Aber das hieße doch, dass wir dann vom Wohnzimmer auf ein Haus schauen würden", gab Stella zu bedenken. „Der rundum freie Blick ist ja gerade das Schöne."

„Wir überlegen es uns", sagte Erik beim Abschied.

„Wahnsinn, dass sie die Totalrenovierung des Hauses überhaupt nicht stört", dachte Mia auf der Heimfahrt.

Den Preis hatte sie extra sehr moderat gehalten. Irgendwie gefiel ihr der Gedanke, dass das Haus vielleicht jemand kaufen würde, den sie kannte, und wo sie dann ab und zu immer noch einmal hinfahren könnte.

„Was ist das, Mia", fragte sie jetzt laut gegen die Windschutzscheibe. „Wirst du sentimental? Dein Elternhaus war dir doch jahrelang scheißegal."

Sie lud Britta und Jens und Gabi plus Mann zum Essen ein. „Als Dankeschön, dass ihr mir zu dieser Reise geraten und mich damit sehr glücklich gemacht habt", erklärte sie am Telefon.

Natürlich musste sie ausführlich über Griechenland berichten und über die anderen Mitreisenden und natürlich auch über Heiner.
Am Schluss kam sie auch auf den Verkauf des Hauses und die Bewerber zu sprechen.
„Was denkt ihr?"

„Wir kennen das Paar nicht, Mia. Das ist jetzt schwer für uns zu beurteilen", war Jens ehrliche Meinung.

Aber Gabi kannte Mia besser und warf ein: „Ich kann aber schon gut verstehen, dass Mia an jemand verkaufen möchte, den sie kennt. Warum nimmst du dir nicht den Rest des Grundstücks. Du hast mir doch schon so oft gesagt, dass dir Gartenarbeit Spaß macht und du gerne einen Kleingarten haben würdest, um dein eigenes Gemüse und Kräuter anzubauen."

Der Abend war unterhaltsam, ließ aber viele Fragen offen.
Mia sprach danach lange mit Heiner, aber auch er konnte ihr letztlich keinen Rat geben, meinte aber zum Schluss:

„Du, ich habe gerade eine interessante Reportage über Tiny-Häuser gehört. Google doch mal. Tiny House Movement, das ist eine gesellschaftliche Bewegung mit Ursprung in den USA, die das Leben in kleinen Häusern propagiert. Für mich klang das sehr spannend. Angeblich sind Tiny Houses und Minimalismus trend. Die sagten, der Verzicht auf viel Platz und viele Sachen sei befreiend und mache glücklich."

Mia googelte, und je mehr sie zu dem Thema fand, wuchs in ihr eine Idee. Gabi hatte Recht gehabt. Schon oft hatte sie gesagt, wie gerne sie einen eigenen Garten hätte. Jetzt bot sich doch die Möglichkeit, dies zu verwirklichen.

Beim nächsten Treffen mit Erik und Stella schlug sie ihnen vor, das hintere Grundstück selbst behalten zu wollen.
Die beiden waren begeistert. Sie erörterten sofort, welche Vorteile das für alle hätte.
Außerdem gestanden sie Mia, dass sie bereits mit einem befreundeten Architekten gesprochen hätten, der ihren Umbau begleiten würde.

Ein Termin beim Notar war rasch gemacht. Inzwischen war Mias Wunsch nach einem Tiny Haus immer stärker geworden und deshalb weihte sie noch vor dem Kauf Erik und Stella ein.

Auch sie fanden sofort Gefallen an dem Gedanken. Sie schwelgten bereits in ihrer Idylle, träumten von eigenen Hühnern und Mias Gemüse.

Natürlich gab es noch einige Hürden zu nehmen, bis alles so war, wie sich alle das vorgestellt hatten.
Aber Mia merkte mal wieder: „Sobald ich einen festen Plan habe, bekomme ich ungeahnte Kräfte, krempele die Ärmel hoch und versuche ihn so schnell und so gut wie möglich umzusetzen.“

Der erste Winter in ihrem Minihaus war schrecklich. Sie trauerte ihrer gemütlichen kleinen Eigentumswohnung nach, die sie inzwischen wieder vermietet hatte. Nach Tagen des Frierens erinnerte sie sich an den netten Heizungsbauer aus Hannover. Dieser kam höchstpersönlich samt Ehefrau in den Norden und montierte eine Infrarotheizung. Mia war begeistert. Er gab ihr auch gleichzeitig noch nützliche Tipps fürs Stoßlüften, das besonders in kleinen Räumen extrem wichtig sei, damit sich kein Schimmel bildet.

Heiner überraschte sie Anfang März mit einem Besuch.
Als erstes gingen sie durch den Garten.
Heiner entdeckte sofort Horst. So hatte Mia den Straußenkopf samt Hals getauft und ihn in ein Cotoneasterbeet gesteckt. Jetzt hatte der Bodendecker zwar kaum Farbe, aber dennoch gab Horst ein fröhliches Bild ab und sah einem echten Strauß mit etwas gutem Willen verdammt ähnlich.

Viele schöne Tage schlossen sich an, wobei sie sehr behutsam miteinander umgingen. Keiner wollte den anderen verbiegen oder einengen. Sie bemühten sich einfach, sich noch besser kennen zu lernen.

Nach diesen Tagen war klar, dass sie sich so oft wie möglich auf dem Schiff oder in Mias Minihaus treffen, aber zunächst nicht ständig zusammen leben würden. Eine Lebensform, die ihnen am besten entsprach. So wollten sie sich ihre Freude aufeinander so lange wie möglich erhalten.

Mia saß immer noch in ihrem Sessel und hing ihren Gedanken nach. Der Tee war längst kalt geworden, aber ab und zu nippte sie immer noch daran. Man hätte meinen können, dass mit jedem kleinen Schluck ein neues Fenster in ihrer Erinnerung aufging.

„So zufrieden wie jetzt war ich noch nie", sagte sie laut in die Stille des Raums. „Aber was für ein langer Weg. Hätte ich das nicht alles viel einfacher haben können?"

Dann ging sie an ihren Schreibtisch und zeichnete einige Entwürfe zu Ende. Bald stand wieder eine Modenschau in ihrem Laden an. Sie hatte immer noch so viele gute Ideen.

Der Nebel hatte sich inzwischen verzogen. Von ihrem Schreibtisch aus konnte sie in ihren Garten schauen – und auf Horst. Sie freute sich schon wieder riesig auf die bald beginnende Gartenarbeit. Es machte „Bling" an ihrem Handy. Ihr Schriftsteller meldete sich per Whatsapp. „Ich wollte, dass Du es zuerst erfährst: Meine Frau ist verstorben. Wenn Du Zeit hast, ruf mich bitte mal an."

„Zu spät, mein Lieber", dachte Mia, „alles hat seine Zeit, das musst du verstehen." Anstatt weiter zu arbeiten, lümmelte sie sich aufs Sofa und las noch einmal in seinem ersten Buch …

Auf dem Sofa zu liegen
und einen guten Roman zu
lesen ist ein Vorgeschmack
der ewigen Seligkeit.

(Horace Walpole)

# Danke.

Danke an all meine Leserinnen und Leser. Ohne Euch gäbe es meine Bücher nicht. Ihr inspiriert mich. Ihr gebt mir bewusst oder unbewusst so viele Anregungen, aus denen ich jeden neuen Roman zusammen setzen kann.

Und danke an meine lieben Freundinnen und Freunde, die mir ehrlich sagen, was ihnen nicht gefällt, ich besser weglassen oder ausführlicher beschreiben sollte.

Aber im Grunde schreibe ich ja für mich, weil es mir einfach nur gut tut, und ich neben allem Schrecklichen auf dieser Welt beim Schreiben abtauchen kann, in MEINE Welt.

Das ist für mich besser als jede Medizin.

**Ingrid Metz-Neun, März 2021**

Ingrid Metz-Neun
Brav kann ich auch, bringt aber nix
Roman
ISBN: 978-3-945923-20-7
168 Seiten, 10,00 €

**Pressestimmen zu**
**Brav kann ich auch, bringt aber nix:**

*Über Jahrzehnte beschwor Ingrid Metz-Neun allein mit dem Klang ihrer Stimme erotische Phantasien herauf. Jetzt füttert die 68-Jährige die Bilder im Kopf ihrer Leser. Der freizügige Roman BRAV KANN ICH AUCH, BRINGT ABER NIX, ein Plädoyer für ein Leben in Unabhängigkeit und für ein Beziehungsmodell, das nicht damit endet, dass Paare in Rente gehen und sich nichts mehr zu erzählen haben, sondern weiter ihre Liebe leben, kommt gut an.*
Frankfurter Neue Presse

*Ingrid Metz-Neun blickt auf ein bewegtes Leben zurück. Jetzt hat die gelernte Schauspielerin und Synchronsprecherin ihren ersten Roman veröffentlicht. Das Buch BRAV KANN ICH AUCH, BRINGT ABER NIX ist eine Mischung aus Fantasie und Erlebtem.*
Dithmarsche Landeszeitung

*Gartenarbeit, Strandspaziergänge und das Schreiben an der Nordsee – für all das hat Ingrid Metz-Neun endlich Zeit. „In meinem Kopf ist so viel, was raus will – so schnell kann ich gar nicht schreiben", sagt sie. Gerade ist ihr erster Roman erschienen – und ein Hauch Autobiografie steckt in BRAV KANN ICH AUCH, BRINGT ABER NIX.*
Straßenbahn Magazin

Ingrid Metz-Neun
Wenn der Verstand Pause macht, höre auf dein Herz
Lebens- und Liebesgeschichten
ISBN: 978-3-748167-19-8
171 Seiten, 10,00 €

**Leserstimmen zu**
**Wenn der Verstand Pause macht, höre auf dein Herz:**

*Drei Geschichten, drei Frauen, die sich zwischen Herz und Verstand entscheiden müssen und im Alter zurück auf ihr Leben und auf ihre Entscheidungen blicken. Drei Geschichten, voll aus dem Leben gegriffen.*
*Die Autorin Ingrid Metz-Neun erzählt bildhaft und glaubwürdig, so dass man sich in die Protagonisten sehr gut hineinversetzen kann. Und manchmal den Vergleich mit dem eigenen Leben und den eigenen Entscheidungen zieht. Der Schreibstil ist flüssig und lässt sich sehr gut lesen. Die einzelnen Kapitel sind angenehm kurz. Sehr gerne habe ich dieses Buch gelesen.*
*Mein Fazit: Ein sehr unterhaltsames Buch, das auch zum Nachdenken anregt. Ich gebe 5***** Sterne und eine ganz klare Leseempfehlung.*

*Ingrid Metz-Neun schenkt uns ein herrliches Büchlein! Schon das Cover ist so schön, dass man das Buch sofort in die Hand nehmen muss.*

*Sie nimmt uns mit zu drei Frauen, die ihre Geschichte erzählen, und wie sie sich entschieden haben. Das Büchlein ist super gut geschrieben, ich habe die drei Geschichten an einem Nachmittag verschlungen und hätte gerne noch weitere gelesen! Ein Buch, das man gerne seiner Freundin schenkt!*

Ingrid Metz-Neun
Schreiben ist wie leben – nur schöner
Roman
ISBN: 978-3-749429-95-0
164 Seiten, 10,00 €

## Leserstimmen zu
## Schreiben ist wie leben – nur schöner

*Beim Lesen dieses schönen Buches wird einem schnell bewusst, dass jeder Einzelne von uns vergänglich ist. Was bleibt von uns? Vielleicht sollten wir alle, für uns wichtige Momente und Erinnerungen zu Papier bringen, um unseren Liebsten Trost zu spenden.*

*Wem es vielleicht nicht bewusst ist, oder wer es durch Beruf und Hektik vergessen hat, wird an die kleinen wichtigen Dinge im Leben erinnert.*

*Diese Gedichte und Geschichten lassen einen Blick auf die Seele der Mutter zu, mit Zweifeln, Stärken und Sehnsüchten ... Wer war meine Mutter wirklich? Diese Frage stellt sich Patrick, als er diese Sammlung findet ... und voller Spannung und Neugier liest. Diese Frage mag sich so mancher stellen, wenn die Eltern verstorben sind, nur haben viele nicht das Glück, Erinnerungen in schriftlicher Form und dadurch Antworten zu finden ...*

Ingrid Metz-Neun
... wie Wunsch und Wirklichkeit –
die Reise des Lebens
ISBN: 978-3-750418-66-0
151 Seiten, 10,00 €

**Die Sonne schien, die Vögel zwitscherten und die ersten Rosen waren im Vorgarten der Therapeutin aufgeblüht. Immer, wenn sie aus diesem Haus trat, fühlte sie sich leicht und unbeschwert, aber dieses Gefühl hielt leider nie lange an.**

## Leserstimmen zu ... wie Wunsch und Wirklichkeit – die Reise des Lebens:

*Liebe Frau Metz-Neun. Ich kann in all ihren Büchern Gemeinsamkeiten mit meinem Leben und meinen Gefühlen entdecken. Wenn ich traurig bin, schau ich immer wieder gerne hinein.*

*Gerade dieses Buch hilft mir so über den Tag. Mein Mann ist dement und ich weiß, was es heißt, einen solchen Alltag zu bewerkstelligen. Es ist schwer, wenn die Stimmungsschwankungen in immer kürzeren Abständen kommen. Schade, dass das Buch so kurz ist. Ich hätte gern noch weiter gelesen.*

*Ich habe selbst viele Sprünge in meinem Leben gemacht. Dieses Buch gibt so viel Hoffnung, dass man eines Tages glücklich werden kann.*

Ingrid Metz-Neun
Ich weiß jetzt, was ich will
Roman
ISBN: 978-3-752690-15-6
124 Seiten, 10,00 €

**Leserstimmen zu**
**Ich weiß jetzt, was ich will:**

*Dieses kleine Büchlein ist ein echtes Schmankerl für zwischendurch. Ich mag es, dass man es in kürzester Zeit gelesen haben kann. Quasi ein kleines Stück Zerstreuung an hektischen Tagen.*

*Großartig finde ich, dass hier mal eine Frau über 60 die Hauptrolle spielt und dass auch ihr ein Liebesleben zugestanden wird und sich nicht alles nur um ein Leben als Großmutter dreht. Langweilig wird es auch nicht, man fiebert als Leser:in nahezu mit, wie es der Protagonistin wohl ergehen mag und hofft, dass sie die Geschichte überlebt. Dieses Buch macht mir Hoffnung, dass es mir im Alter ähnlich aufregend, und gar nicht langweilig ergehen wird.*

*Aus der Ich-Perspektive berichtet Gisela humorvoll und voller Selbstironie von all ihren Gefühlen, Sorgen und Wünschen. Von den Alltagsproblemen einer verheirateten Rentnerin bis hin zu kleineren und größeren Fehltritten – nichts lässt sie in ihrer Erzählung aus. Durch diese gnadenlose Ehrlichkeit ist das Schmunzeln beim Lesen vorprogrammiert!*

*Die Geschichte umfasst knapp 100 Seiten und ist damit eine kleine und kurzweilige Lektüre. Besonders gefallen mir die Rezeptvorschläge im Anhang. Sie sind eine tolle Ergänzung, da Gisela häufig von ihren Back- und Kochkünsten schwärmt und damit Lust aufs Essen macht.*

*Was sich alles entwickeln kann, wenn eine Freundin versucht, der anderen zu helfen, das erzählt Ingrid Metz-Neun in ihrem Büchlein „Ich weiß jetzt was ich will". Es ist eine Geschichte, wie sie nur das Leben schreibt: mit Hoffnungen und Wünschen, mit Herz und Schmerz und mit der Erkenntnis, dass das Gute oft so nahe liegt.*

*Mir gefällt die Geschichte mit dem leichten, lebendigen Schreibstil. Für mich ist sie eine, die man einfach mal so zwischendurch lesen kann – davon gibt es gar nicht so viele. Gefreut habe ich mich über den Anhang, in dem die Autorin ihre Freude am Kochen zeigt und auch einige ihrer Rezepte verrät.*